中国古代十大思想家

东方圣者孔子

李朝阳　主编

黄河出版传媒集团
阳光出版社

图书在版编目（CIP）数据

东方圣者孔子 / 李朝阳主编. —— 银川：阳光出版社，
2016.8（2020.12重印）
（中国古代十大思想家）
ISBN 978-7-5525-2941-8

Ⅰ.①东… Ⅱ.①李… Ⅲ.①孔丘（前551-前479）
-哲学思想 Ⅳ.①B222.2

中国版本图书馆CIP数据核字(2016)第214682号

中国古代十大思想家　东方圣者孔子　　　　李朝阳　主编

责任编辑　徐文佳
封面设计　民谐文化
责任印制　岳建宁

黄河出版传媒集团
阳 光 出 版 社　出版发行

出 版 人　薛文斌
地　　址　宁夏银川市北京东路139号出版大厦（750001）
网　　址　http://www.ygchbs.com
网上书店　http://www.shop129132959.taobao.com
电子信箱　yangguangchubanshe@163.com
邮购电话　0951-5047283
经　　销　全国新华书店
印刷装订　河北燕龙印刷有限公司
印刷委托书号　（宁）0019176

开　　本　710 mm×1000 mm　1/16
印　　张　9.5
字　　数　174千字
版　　次　2016年11月第1版
印　　次　2021年1月第2次印刷
书　　号　ISBN 978-7-5525-2941-8
定　　价　28.50元

前　言

在中华民族长达五千年的历史长河中，勤劳勇敢的中国人凭借自身的聪明才智，创造了曾经领先于世界的古代物质文明，也创造了处于世界前列的古代精神文明。中国优秀的传统文化源远流长，深深根植于中华民族生存和发展的"土壤"中。

中华文化之所以能够屹立于世界民族之林，其原因是多方面的，其中十分重要的一点，就是智慧的中华民族，在长期的生产活动、社会活动、思维活动的过程中，逐渐创造、积累和发展了具有以生生不息的内在思想活力为核心的优秀传统文化。这些是"中华魂"的一个表现方面，是国学不可或缺的一个部分，是中华民族伟大而坚强的精神支柱，是民族凝聚力和生命力之所在，是亿万炎黄子孙引以为豪的无价之宝。

当然，我国的传统文化既有精华，又有糟粕。因此，我们持全盘肯定或全盘否定的态度是不对的。而一知半解、信口开河或以漠然的态度对待我们宝贵的传统文化同样也是不对的。

经过了一个多世纪的巨大的社会实验的验证，我们终于明白了一个道理：发展并不是一味地摒弃过去，发展的障碍往往是对过去的不屑一顾。也就是说，为了更好地走向未来，我们不能同过去的一切彻底决裂，甚至将过去彻底砸烂；而应该妥善地利用过去，在过去这块既定的地基上构筑未来大厦。如果眼睛高于头顶，只愿在白纸上构筑美好的未来，那么，所走向的绝不会是真正的未来，而只能是空中楼阁。

那么，我们该用怎样的态度去对待我们的传统文化呢？

1. **取精华，弃糟粕。**对待中国传统文化，就应该持辩证否定的态度，就像筛选谷物一样，去粗取精，去伪存真，就不会犯"要么肯定一切，要么否定一切"的形而上学错误。研究、分析中国的传统文化不是过多地探讨古人具体离奇的故事，而应有选择地学习民族精神中的独特优点和汲取精华部分。

例如儒家的"三纲五常"，如果依现代人看来，明显是糟粕，但是"三纲五常"最初的含义则是要我们对长辈、父母有一颗感激的心：比如"父为子纲"是发展到了一种极端的状况，开始的时候只是一种心灵的活动，父母养育子女，子女应该懂得感激和回报。这样，双方的心灵就会有一种互动，感受到对方的心意，这时，"情"才会出来，这就是性情的学问。如果从这个角度而言也有其可取之处的。再例如"君为臣纲"，封建社会要求臣下愚忠于皇帝，但皇帝是封建最高统治者，用皇帝的"朕即国家"来说，那也是爱国，忠君是糟粕，爱国却永远正确。

2. **淡形式，重内容。**形式和内容的关系是复杂的：同一内容，由于条件不同，可以有多种形式；同一形式也可以表现不同的内容；新内容可以利用旧形式，旧内容也可以利用新形式。内容与形式的关系并不是并列的、没有主从之分的，在两者之间，内容起着主导的、决定的作用。内容决定形式，形式为内容服务，这是文学作品内容和形式的一般关系。

我们学习传统文化也是如此，"师古不泥古，师古不复古"，并不是穿汉服、行官礼才是传统文化。学习传统文化要重在领会传统文化的精神和思想理念，其目的是为了滋养人格，领悟思想，改善行为。

3. **既传承，又创新。**创新，是传承基础上的创新，继承也是创新基础上的继承。继承传统的目的并不是固守传统，而在于推陈出新。创新是继承中的变革，渐进中的变革。传统文化要"古为今用"，弘扬传统文化时要注意传承，更要创新。

4. **先要学，后要用。**孔子说："学而不思则罔"。学习重在学用结合。只有学用结合，才能取得良好的学习成果。与纯粹的历史学不一样，弘扬中国传统文化有追求现实进步的含义，是"扬善"和"留美"，既要学，更在用，不是"坐而论道"，这是传统文化在新时期的价值归宿。即使是提倡"清静无为"的道学，老子在《道德经》中也是倡导"以正治国、以奇用兵、以无事取天下",而不是一味在书房朗诵"道可道,非常道"。

如儒家的"上善若水,厚德载物"思想,完全"古为今用"。其大致意思是:人的善心应该像水一样。水善于滋润万物而不与万物相争,停留在众人都不喜欢的地方,因此最接近于"道"。最善的人,最善于选择地方,心胸善于保持沉静而深不可测,待人善于真诚、友爱和无私,说话善于恪守信用,从政善于精简处理,能把国家治理好,做事能够善于发挥所长,行动善于把握时机。最善的人所作所为正因为有不争的美德,因此没有什么过失,也就没有咎怨。

"上善若水,厚德载物"也是现代很多企业价值观的核心。结合现代企业而言,企业所提供的产品或者服务本身就是服务于民众,解决社会的一些供求矛盾,而不是单纯的利润追求,这本身就为善。当他们在为社会和民众服务得到一定的利润后,继而考虑把利润中的一部分拿出来继续投入到社会的发展中去,当然这也包含企业投入成本提高服务的品质或者产品的科研开发等等,而更重要的是很多企业也把很多的利润拿出来为社会的公益事业服务。

纵观我国古代思想史,最有成就和影响最大的十位思想家是:老子、孔子、孟子、庄子、荀子、董仲舒、朱熹、王阳明、黄宗羲、王夫之。他们的思想反映了中国古代思想发展的主要线索。

在物质欲望极度膨胀、科技文化高度发达的现代社会,许多人陷入了超重的生活而不自知。所以,现代人寻找精神家园、追寻生命的本真、探索思想的原始呼声就越来越高。

在本套丛书中,我们深入浅出地分析了中国古代对后世影响最深远的十大思想家的思想观念,力图呈现他们的思想特质。我们萃取他们的人生智慧,以期对现代人有所启迪。有人在怀疑古代思想家的智慧是否已经过时了,我们要说的是:古代十大思想家的智慧不会过时,历史的风雨不会使他们的智慧褪色。他们的智慧是人类的大智慧,既然是人类的大智慧应当属于所有的时代。他们的很多思想精髓能够滋养我们的精神,他们的很多人生智慧都能帮助我们解决现实的人生问题。

十大思想家似人世间的棋艺高手，以人世间的大智大慧将做人原则和治世理念，生存体验与生活智慧，精神境界和价格修养等等摆在一张棋盘上，不断变幻出深奥的棋局。他们以人性的目光关注纷繁复杂的社会人情，他们看重道德修养，他们的思想影响着中国封建社会几千年的礼乐文化、政治文化、制度文化、伦理道德、思维方式、价值观念、风俗习惯甚至治国安邦的总体思路。这些都是我们中华民族宝贵的精神财富。

让我们一起来聆听圣哲教诲，汲取人文给养吧！

目 录

第一章　孔子一生轨迹 ……………………………… 1

贵族家世 ……………………………………… 1

尼山诞婴 ……………………………………… 4

少能鄙事 ……………………………………… 6

初露锋芒 ……………………………………… 9

杏坛施教 ……………………………………… 11

问礼老聃 ……………………………………… 15

避乱适齐 ……………………………………… 18

归鲁出仕 ……………………………………… 21

彷徨卫国 ……………………………………… 27

如丧家犬 ……………………………………… 30

绝粮陈蔡 ……………………………………… 31

居蔡游楚 ……………………………………… 34

重返故乡 ……………………………………… 36

退编六经 ……………………………………… 39

圣人谢世 ……………………………………… 44

第二章　孔子礼学思想 ……………………………… 49

礼，履也 ……………………………………… 49

倾心周礼 ……………………………………… 51

克己复礼 ……………………………………… 54

第三章　孔子仁政思想 ……………………………… 63

"仁"之源——孝弟 ………………………… 64

仁礼相合 ……………………………………………… 66

仁者爱人 ……………………………………………… 68

第四章　孔子教育思想 ……………………………… 77

诲人不倦 ……………………………………………… 78

文、行、忠、信 ………………………………………… 79

有教无类 ……………………………………………… 82

因材施教 ……………………………………………… 84

桃李天下 ……………………………………………… 91

第五章　孔子思想传承 ……………………………… 99

儒学历史传承 ………………………………………… 99

儒学近代命运 ………………………………………… 103

走向世界的儒学 ……………………………………… 107

第六章　孔子补漏拾遗 ……………………………… 114

孔子轶事传说 ………………………………………… 114

孔子故里 ……………………………………………… 121

附录:孔子年谱 ……………………………………… 131

第一章 孔子一生轨迹

东方圣者孔子，出身于显赫的贵族家庭，却一直在贫穷困苦中度过了童年的时光。凄苦的童年生活并没有摧毁他顽强好学的个性，终于，凭借自身的好学上进，他成长为一位饱读诗书、学富五车的伟人。满腹才华的孔子仕途却坎坷崎岖，及至年过半百才得到从政的机会。郁郁不得志之下，他将精力完全投入到教书育人中，教授门徒三千多人，成为了令人尊仰的万世师表、至圣先师！

贵族家世

春秋末期，诸侯纷争、礼崩乐坏。尽管由周天子、各国诸侯、卿大夫和士组成的贵族领主等级制度还基本保留着，但周天子早已形同虚设，完全丧失了号令诸侯的权力。各诸侯国随着自己领土的扩张与军事力量的强大，逐渐流露出"独立"的野心。各诸侯国间、各国内部卿大夫间及卿大夫与家臣间频繁地进行兼并战，造成了"春秋无义战"的形势。"礼乐征伐自天子出"已转变为"则礼乐征伐自诸侯出"。而鲁国作为一个政治、经济、军事相对弱小的国家，处于大国晋、楚、齐之间，附于楚则晋怒，依于晋则楚伐，同时又要时刻注意齐虎视眈眈的目光。

孔子，就出生于春秋时期一个没落的贵族家庭。他的先祖经历了从王室到诸侯，由诸侯到公卿，再由公卿到大夫、士族之家的没落过程。

孔子的先世出自王家，为微姓殷商遗民。在商朝，孔氏长支被封为宋公，负责商朝历代君王的祭祀。商朝灭亡后，孔氏远祖微子启（商纣王的哥哥、殷末"三仁"之一）受封于宋，都商丘，奉殷商祀。商纣王暴戾残忍、荒淫无耻，人民

孔子像

对他深恶痛绝。微子启是非分明，不愿"助纣为虐"，于是选择弃暗投明，投降了商的敌人周。

孔子的祖籍，夏邑县城北六公里王公楼村，有孔子的祖坟。孔子常回来祭祖省墓。后人为纪念孔子还乡，在此大兴土木，建起了还乡祠。

周打败了众叛亲离的商纣之后，封微子启于宋。后微子启将宋国国君的位置传于其弟微仲衍。微仲衍是孔子的直系先祖。但此时，孔子的家族已经从商朝的王室降为周朝的诸侯。

由微子启经微仲衍、宋公稽、丁公申，四传至泯公共。泯公长子弗父何让国于其弟鲋祀（即宋厉公），自为宋国上卿，孔子先祖遂由诸侯之家转为公卿之家。

孔子还乡祠

　　弗父何生宋父周（名周，字宋父），周生世父胜（名胜，字世父），胜生正考父（名正，字考父）。正考父接连辅佐宋戴公、武公、宣公，久为上卿，以谦恭著称于世。他熟悉商代文献，曾校"商之名颂"。

　　正考父生孔父嘉（名嘉，字孔父）。嘉继任宋大司马。后宋太宰华父督作乱，杀死宋殇公与孔父嘉。孔父嘉之子木金父（名木，字金父）避难奔鲁，定居陬邑（孔氏为鲁国人自此始）。自此，孔子先祖卿位始失，下降为士，世为鲁大夫。

孔子的直系先祖微仲衍传十四代而到孔子的父亲叔梁纥。叔梁纥为鲁国陬邑大夫，力大无比，以勇武闻名于世。

据《左传》记载：公元前563年，叔梁纥随诸侯军讨伐逼阳。逼阳城门有两重，一重是通常的城门，供朝夕开阖之用；一重为悬门，高悬在上，一般不用，仅供战时急需。当诸侯军兵临城下四面楚歌之时，逼阳人大开城门，妄称受降。诸侯军不知其诈而争入。逼阳人猛然放下高悬的城门，企图拦腰截断诸侯军，瓮中捉鳖。叔梁纥见势不妙，双手迅速托住千斤城门，呼令诸侯军迅速撤出，避免了一场重大灾难。

七年后，已经六十多岁的叔梁纥奇迹般再立战功。公元前556年，强大的齐国入侵鲁国的北部，齐军高厚带领部队包围了鲁国的防邑。叔梁纥与大夫臧纥同守防邑，被齐军团团围困，众寡悬殊，动弹不得。鲁国派出援军打算救出臧纥，但在接近防邑时却不敢前进。一天夜里，叔梁纥侦察好敌情，挑选精壮三百，披坚执锐，乘间突围，将臧纥送出重围，然后重返防邑坚守。一往一来，如入无人之境。慑于叔梁纥的勇猛果敢，久攻不下的齐军只好撤退。然而，尽管叔梁纥两次立功，但因他不是鲁国的世袭贵族，终身不过是个陬邑宰（或称陬邑大夫），只能是一个武士。

尼山诞婴

战场上英勇无敌的叔梁纥在生活中却有不如意之事。叔梁纥娶鲁国的施氏为妻，生了九个女儿，没有儿子。按照当时的规矩，女儿不能继承祖业。后来叔梁纥又娶一妾，却生了一个脚有残疾的男孩儿，起名叫孟皮。没有一个健全的儿子，叔梁纥极为遗憾。于是，仍不甘心的叔梁纥又向颜氏求婚。而此时，他已是一位六七十岁的老人了。

颜氏有三个女儿，才貌出众。《孔子家语》对这个登门求婚的场面有着逼真而又生动的描述。颜父询问三个女儿："虽然陬大夫叔梁纥的祖辈和父辈为士，但他的祖先是圣王的后代，而且他本人身高九尺，武艺绝伦．我很喜欢他．虽然他年龄较大，性格也较严厉，但这也无妨。你们姊妹三个，谁能做他的妻子?"老大和老二都没回答，唯小女儿征在说:"就听从父亲安排吧，还有什么好问的?"颜氏说:"看来只有你可以了。"就这样，颜氏把小女儿颜征在嫁给了叔梁纥。

当时叔梁纥已年近七十，垂垂老矣，而颜征在不到二十，正值妙龄，二人的结合不符合礼仪。所以被后人称为"野合"。《史记·孔子世家》说:"纥与颜氏女野合而生孔子。"

叔梁纥晚年娶妻的主要目的是接续香火，所以征在能否生儿子对他至关重要。为了求得神灵赐子，夫妻二人常向家乡附近的尼丘山祈祷。果然颜征在不负所望，怀得一男孩，这就是孔子。

鲁襄公二十二年，也就是公元前551年的农历八月二十七日，叔梁纥夫妇又一次去尼丘山祈祷，在下山的途中，孔子诞生在尼丘山的山洞里，这个山洞也由此被命名为坤灵洞，或夫子洞。

关于孔子的降生，千百年来流传着许多的神话与传说。据《拾遗记》记载，孔子未降生之前，有一麒麟口吐玉书到阙里，玉书上写着"水精之子，继衰周而为素王"，颜征在感到很奇怪，就拔下头上的头针刺了它一下，麒麟于是跑了。《祖庭广记》记载，颜征在在梦中看见两条龙自天而降，之后便生了孔子。生孔子时，有两位神女手擎香露从天上飞来，给刚出生的孔子洗浴；天帝也派人下来演奏钧天之乐，萦绕房中。孔子降生后不但头顶如反盂，而且面部有"七露"，眼露筋、耳露轮、鼻露孔、嘴露齿等，看上去像个怪物，叔梁纥夫妇就把孔子扔在了野地里。后来，不知从哪里飞来一只老鹰给孔子扇扇子，遮蔽骄阳；又有一只老虎将他衔进了一个山洞，并给他喂乳汁。这就是所谓的"龙生虎养鹰打扇"的传说，这个传说至今还在曲阜一带流传。

孔子长相奇特，出生时头顶中间低而四周高，形状类似尼丘山，固取名曰丘。又因叔梁纥与颜征在祈祷于尼丘山而得孔子，且排行老二，所以孔子字仲尼。后来，尼丘山因避孔子"丘"字之讳而改为尼山。

传说孔子诞生的山洞

少能鄙事

　　孔子三岁时，本来身体强健的叔梁纥突然去世，孔家成为施氏的天下，幼年的孔子与正值青春年华的颜征在顿失依靠。施氏为人心术不正，孟皮生母已在叔梁纥去世前一年被施氏虐待而死，孔子母子也不为施氏所容。无奈之下，颜征在带着年幼的孔子与孟皮迁居到鲁国国都曲阜城内的阙里。

　　这是一个富有远见的决定。古代鲁国是西周初年周公姬旦的封地，他的长子伯禽前来掌管封地的时候，就带来了众多的典章文物，以至到了春秋末年，经过战乱之时典章文物的流散之后，人们普遍认为周朝的典章文物尽在鲁国。鲁国国都曲阜，当然也是贵族聚集之地，更是"六艺"的兴盛之地。让孩子从小在这样的环境中成长，既能在耳濡目染间受到熏陶，又能提供有利的学习条件。

关于孔母征在授学的故事流传很广。颜征在的父亲是饱学之士，他开明地让女儿识字识礼，使征在不仅积累了丰厚的识见和学养，在教育和礼上也有很高的修养。她把父亲家的全部书籍，都搬运到自己的新家，选三间房子的一间作书房，准备在孔丘满五岁的时候教他念书。她先收了五个小孩子，在自己家教发蒙的书，得到每位学生家长的学资，五斗小米和一担干柴。

征在教孩子们习字、算数和唱歌三门功课，同时也教孩子们学习礼节和仪式。孔丘不到六岁便开始跟班学习。孔母的苦心栽培和细心教育，使不到十岁的小孔丘，已经学完全部启蒙功课。因他爱琢磨，肯用脑，记忆力出众，喜欢帮助别人，因此成为同窗学习的佼佼者。孔母的这一段家教生涯，对孔子以后办私学、兴教育，起到了直接的影响。

年轻的寡妇带着年幼的孩子，地位之卑下、谋生之艰难可以想见。以至于后来孔子回忆自己的少年生活时，十分感慨地说："我小时候贫穷，所以学会了不少卑贱的技艺。"（"吾少也贱，故多能鄙事。"《论语·子罕》）

无论生活多么艰苦，颜征在依然尽心尽力的培养幼小的孔子。在郑环《孔子世家考》里，有这样的记载："圣母（指颜征在）豫市礼器，以供嬉戏。"是说颜征在花钱买礼器给儿子作嬉戏的玩具。但是，孔子在很小的时候就不像一般小孩子那样贪玩，而是经常把祭祀用的器物摆出来，练习磕头行礼等。这钱如何得来已不太重要，重要的是这样一个千辛万难的母亲让儿子从小就得到良好教育的良苦用心。

正当少年孔子向着一个更加广阔的人生领域迈进的时候，他的母亲颜征在却困病交加，离开了人世。十七岁的孔子一夜之间失去了唯一相依为命的亲人，成了孤儿。孔子的母亲年轻守寡，吃尽苦头，为了孔子的生活与教育付出了超出常人的操劳。生病期间，她不仅不舍得花钱治病，还要坚持着做各种杂役粗活来维持母子的生计。为了让自己的母亲有一个正式的名分，孔子决心让自己辛苦一生的母亲与父亲合葬。

但是一心要让母亲与父亲合葬的孔子，却不知道埋葬父亲的具体位置。在当时的时代，人死了不时兴墓祭，只是岁时在家中祭神祭祖，有墓无坟，不封不树，地面上没有标记，非当时参加葬礼的人，一般是无人知晓的。年少的孔子没有惊慌失措，而是先用严格而又周到的礼节为母亲举行了哀戚而又庄严的丧礼。见者都以为是正式之葬，而不知道是临时浅葬。为了方便辨识，他先将母亲浅葬在曲阜城外一条名叫五父的大路旁边，然后开始寻访父亲所葬之地。

虽然生下了健全的儿子，人们还是拒绝年轻的母亲参加叔梁纥的葬礼。因此，颜征在她生时没有告诉孔丘埋葬他父亲的具体地点，当然也避讳谈论这个问题。但是少年的孔丘怀着对母亲的敬意与孝心依然用心地去寻找着。这孤儿的举动，感动了大家，他寻父的事情逐渐在鲁国传扬开来。终于有一天，陬邑车夫之母找到孔丘，领着已是孤儿的孔丘，赶到了防（现在曲阜东十余公里的防山），将叔梁纥所葬的位置，清清楚楚地指给他看。少年的孔子终于将一生多难却在三十多岁的盛年就离世的母亲与十多年前去世的父亲合葬于防，也就是现在的梁公林。孔子将父母合葬于防以后说：“我听说古时候只设墓而不起坟，但现在我孔丘是一个周游四方的人，墓葬不可以没有个标志。”于是在墓上封土起坟，其高四尺。

母亲的去世更激发了孔子在社会上找到自己位置的欲望。他发奋攻读，提高修养，竭力把自己塑造成一个知书达礼的人。不久，鲁国的执政大夫季孙氏举行宴会招待士。季孙氏即季平子，名季孙如意。他与弟弟孟孙氏（亦作仲孙氏）、叔孙氏是鲁国的三大贵族，都是鲁桓公（公元前 711 年—前 694 年在位）之子季友、仲庆父、叔牙的后裔，被称为“三桓”，当时掌握着鲁国大权，而以季孙氏的权力最大。士在当时属于下层贵族阶层，知书达礼，是从政做官的候选人才。孔子胸怀大志，建功立业的愿望十分强烈，对这样一个进身机会自然不愿放过。

然而，孔子却遭到了季孙氏家臣阳虎的羞辱。阳虎虽然是季孙氏的家臣，却相当有权，曾经一度掌握了季孙氏一家的大权，并控制了整个鲁国的国政。当孔子腰间系着为母亲守丧的孝麻，前往参加宴会时，在季氏府门前，却被季氏的家臣阳虎拦住了。阳虎满脸轻蔑地说：“季家宴请的是贵族的士，你孔丘是干什么的，谁请你呢！”（“季氏飨士，非敢飨子也。”）

这番侮慢，对尚未成年的孔子，不啻当头一棒，世态炎凉、人情冷暖尽在其中。

初露锋芒

青年孔子，身材威武、博学多才。十九岁时，他迎娶了妻子宋人亓官氏，第二年，儿子出生。当时孔子已经小有名气，鲁国国君鲁昭公专门派人送来祝贺的鲤鱼。孔子深以为荣，故给儿子取名曰鲤，字伯鱼。

有了家室与儿子的孔子，开始在鲁国权臣季孙氏家里任委吏。委吏就是管理仓库的一个小差役。看似容易，做好却难。他的前任就是因为管理混乱和有贪污嫌疑而使季孙氏感到不满。孔子并不嫌这个职位鄙贱，尽心尽力，并让自己的能力得到了充分的展示。孔子利用自己学过的数学知识清点物资，审查账目，秉公办事，全部做得清楚明白，不到半年，就弄得仓盈账清。季孙氏想不到年轻的孔子竟有这样处理事情的能力，就又委派了他第二份工作，做乘田。乘田是一份管理、饲养、放牧牛羊驴马等牲畜的小吏。孔子肯动脑筋，总结喂养的技术，上任不久，便制订了一系列的管理措施，晨夕饲养，牵出赶进，清扫洗刷，很快又把这份乘田的工作做得井井有条。不到一年，饲养场里便牛羊成群，膘肥体壮，六畜兴旺。

孔子并不忌讳谈论自己曾经干过这样鄙贱的事情，他甚至还带有某种自豪的口吻谈起自己的这一段经历。他说："叫我管牛羊，我就把牛羊管理得肥胖强壮起来""叫我管仓库，我就把仓库里的账目计算得清清楚楚。"

孔子的博学此时已经为不少人所知。据《论语·子罕》：在孔子所住的阙里不远的地方名叫达巷，达巷的人说："孔子真伟大啊！他学问渊博，因而不能以某一方面的专长来称赞他。"孔子听说了，对他的学生说："我专长于哪个方面呢？驾车呢，还是射箭呢？我还是驾车吧。"礼、乐、射、御、书、数在古代被称为"六艺"。"御"指驾车，"射"指射箭，"礼""乐"是指当时流行的礼节、礼仪、乐曲等，"书"指书写，"数"是指计算方面的能力。这六者，是当时贵族阶层所必须掌握的基本知识和技能。其中以"御"最容易学，孔子在这里说自己仅会驾车，显然是谦虚，但却说明了孔子的"博学"与"多能"。

青年孔子学有所成，初露锋芒。当然，孔子并不是生而知之的，他的能干与才能全部来自于他的敏而好学、刻苦勤奋。孔子自己说："我不是生来就有知识的，不过是爱好古籍，勤奋地进行研讨罢了。"

对于知识，孔子的态度是"知之为知之，不知为不知，是知也"，懂就是懂，不懂就是不懂，这才是一个人真心求知的表现。孔子是这样说的，也是这样做的。鲁国建有祭祀周公的太庙，孔子初进太庙时，对太庙中的一切都产生了浓厚的兴趣，总向别人问这问那，好像有问不完的问题。有人对孔子这种强烈的求知欲不理解，于是就说孔子的闲话："谁说陬邑大夫叔梁纥的儿子懂得礼呢？他进到太庙，每件事都要问别人。"孔子听说后，一点也不恼火，他说："这正是合乎礼的做法呀。"

鲁国东南方有一个小国郯国，是鲁国的附庸国，按例要定期朝见鲁君。鲁昭公十七年（公元前 525 年），孔子二十七岁时，郯国的当政者郯子又来朝见鲁君。宴会上，鲁国一个大夫昭子问郯子："少昊的时候，以鸟名官是怎么回事呢？"郯子说："少昊是我的祖先，这个情况我是知道的，当时少昊刚立的时候，正好有凤飞来，这就是以鸟名官的起因吧。"孔子听到这个消息，连夜敲开了鲁国宾舍郯子所宿居的门，迫切地向郯子请教关于少昊时代职官制度典籍历史等情况。郯子见这样一个知名学者却能够如此虚心求教，十分感动，便倾其所有，全部奉告。事后，孔子对别人说："我听说'天子那里没有管理这类事情的官员，而这类知识却在四方蛮夷那里得到了完整的保留。'现在我相信这是真的。"

孔子好学好问的精神由此可见一斑。而他学琴于师襄的典故更是被人们长久以来传为佳话。

师襄是鲁国著名的乐官。古代乐官一般叫师，后来担当这一职务的人就把师作为自己的姓，冠于名之前。如师襄，又称师襄子，加子表示尊重。师襄子在音乐理论上有很深的造诣，闻名于诸侯。

有一段时间，孔子跟随鲁国的乐师师襄子学弹七弦琴。

这一天，师襄子教完了一支乐曲，要他独自练习十天，然后再教新曲。可是十天过去了，孔子仍然埋头苦练老曲子，似乎把学新曲的事忘记了。师襄子提醒他说："你已经把这首曲子弹熟了，可以另学新曲了。"孔子却说："不行啊，我只是刚刚把音律弹熟，技法还很生疏呢！"又过了几天，师襄子说："你的技法熟练了，可以学新曲了。"不料孔子又说："不行啊！我还没有全部领会这首曲子的志趣神韵呢！这不能说是真会。"于是又埋头弹起来。又过了些日子，师襄子已经察觉出，自己的学生已经将曲子的志趣神韵弹奏得淋漓尽致。于是又提醒他说："好啦，你不仅熟悉了它的音律、技法，连志趣神韵也领会了，可以弹新曲子了！"孔子仍然摇头说："不行呀，我依然算不得真会，我还没有体会到作曲者的为人与精神风貌呢！"师襄子觉得言之有理，也就不再催促他练习新曲了，只是耐心地等待着。

这样又过去了几天。一天，孔子正埋头弹琴，弹着弹着，忽然抬起头来两眼闪烁着喜悦的光芒。他对师襄子说："我知道作曲家是怎样一个人了！这个人高高的个子，黑黝黝的脸，眼睛炯炯有神，是个具有王者气质的人。莫非这曲子是周文王所作？我想除了他，别人是作不出这样好的曲子来的！"师襄子不禁大惊道："是呀，很久以前，我的老师曾经对我说过，这首曲子叫《文王操》，它的作者正是周文王。"师襄子对孔子佩服不已，身不由己躬身相拜。孔子急忙回礼，说："我现在可以学弹新曲了！"

杏坛施教

公元前 522 年，孔子三十而立，开始创办平民教育，收徒讲学。

春秋以前，"学在官府"，即国家一切重要的文化典籍、礼仪制度及教育均由王室的专职官员掌管，居于世袭统治地位的贵族阶级垄断霸占着学校的教育权，也只有各级贵族的子弟们才享有入学受教育的权利。后世称这种由世袭贵族垄断的封闭的文化教育体制为"官学"。

西周贵族子弟在官学中接受的主要是"六艺"教育。即礼、乐、射、御、书、数六种科目的教育。书（书写）、数（计算）属基础文化教育；射（射箭）、御（驾驭车马）属军事技能训练；而礼（道德和各种礼仪规范）、乐（举行各种仪式时的音乐歌舞）则属社会交际能力与性情的陶冶。显然，上述"六艺"教育是为贵族子弟成人后真正步入贵族社会而能参与各种祭祀、政治、军事、社会活动服务的。

（明）李唐：《孔子讲学图》

到了春秋末年，随着社会生产力的发展与统治者的分化与变迁，部分没落贵族、特别是贵族中最低一层的士，开始利用自己的文化知识收徒设教，称为村塾。但他们所接收的也多是闾里较有身份人家的子弟，绝大多数平民子弟却被摈弃在学校大门之外，失去了受教育的机会。

只有到了孔子，才产生了真正意义上的能够与"学在官府"相抗衡的"学移民间"的"私学"。孔子虽不是兴办私学的第一人，但他却是兴办私学中最为成功的第一人。

孔子带领一群青少年垒土筑坛，并移来一棵杏树栽在坛边。此后，孔子每日杏坛讲学，四方弟子云集。

孔子的教育思想是一种民本思想，"有教无类"：不分贫富，不分贵贱，不分老少，不分国籍，兼收并蓄。在孔子招收的第一批弟子中，有伯牛、冉有、子贡、颜回、子路等人，子路比孔子小9岁，他拜孔子为师时大约二十一、二岁。子路出身贫贱，为人性格豪爽、耿直，起初他对孔子很不尊重，还欺凌过孔子，但孔子以德折服了他。

据《孔子家语》记载，子路拜见孔子，孔子问道："你爱好什么？"子路回答说："喜好长剑。"孔子说："凭你的才能，加上学习，谁能比得上呢？"子路说："学习难道有好处吗？"孔子说："驱赶狂马的人不能放下鞭子，操拿弓弩的人，不能丢下正弓的器具；木材经过绳墨作用加工就能取直，人们接受直言规劝就会通达；从师学习，重视发问，哪有不顺利成功的！"子路说："南山出产竹子，不经加工，自然就很直，砍下来用它做箭，能穿透犀牛皮做的铠甲，为什么要学习呢？"孔子说："把箭的末端装上羽毛，把箭头磨得更加锋利，箭刺入得不是更深吗？"子路受益匪浅施礼而拜。

孔子所创办的私学在鲁国的名声越来越大，连鲁国的贵族也将自己的子弟交给孔子教育。

早在孔子十七岁时，鲁国有位孟僖子，他属"三桓"之一，政治地位仅次于季平子，是鲁国第三号人物。鲁昭公七年（公元前535年），孟僖子陪同鲁昭公出访楚国，途经郑国抵楚，在引导鲁昭公参加对方欢迎仪式时，因为不懂礼节而出丑，孟僖子为此惭愧之极，归国后就下决心研究礼仪，向懂礼的人学习。他到处向人求教，曾向青年孔子问礼，孟僖子从此十分敬佩孔子的学问。

鲁昭公二十四年（公元前518年），孟僖子病危。临终前，他将两个儿子叫到床前，向他们讲述礼的重要，讲述自己不知礼所得到的教训，又讲述了孔子的家世。他说："听说我们鲁国出了个通达明礼、学问渊博的人，他就是孔丘。我告诉你们，他是圣人商汤的后代，他的祖先弗父何有功于宋国，弗父何的曾孙正考父曾辅佐过宋戴公、武公、宣公三个国君。他们虽然地位很高，但谦虚谨慎，可见孔丘的祖先有谦恭的美德。当年我们鲁国的臧孙纥说过：祖先有美德，其后世必定出现聪明通达的人。现在孔丘才三十多就已经知道许多学问，懂得许多礼节，他就是今天的圣人吧！我死后，你们要拜他为师，向他学礼。"从此，孟僖子的两个儿子孟懿子和南宫敬叔都做了孔子的弟子。

孟氏是鲁国掌权的贵族，自从孔子吸收了孟氏兄弟入学后，孔子办学的经费得到了国家的补给，私学的规模越来越大。

孔子的第一批弟子主要学习六艺，即礼、乐、射、御、书、数这六门课程。这些课程在周代是属于小学的课程，其重点是培养德行、陶冶性情。孔子要求他的弟子们多从事政治、军事、外交方面的训练，希望由他们担负起闻道救世的重任。孔子设教，不像官学和一般私塾那样，死读书，而是常以社会为课堂，以生活为教材，把学生带进大自然中去，开发他们的智力，陶冶他们的性情，启迪他们的灵感，从中悟出若干哲理。

曲阜孔子六艺城

问礼老聃

孔子是一个好学之人，他从来不满足自己已经掌握的知识，而是不断地搜寻资料，扩大视野，增长见识。赴洛邑问礼于老聃一事更是为孔子的学习生涯添上了一抹亮色。

洛邑（故址在现今河南省洛阳市王城公园一带）是周天子的首都，是孔子仰慕的周公曾经住过的地方，也是商周以来的礼仪、文物、典籍等汇集之地。而道家创始人老子正住在那里。

老子，姓李，名耳，字伯阳，楚国苦县（今河南鹿邑东）厉乡曲仁里人。其时，老子正担任着周守藏室史官，也就是周朝的文物、博物、图书馆馆长。对这位通晓古今、德高望重的大思想家，孔子敬仰已久。孔子曾表示："我听说在洛邑当守藏史的老聃，是个博古通今的学者，他既通礼乐之原，又通道德伦常之理，这样有学问的人，应该是我们的老师，能在洛邑拜访他一次，是我生平之愿啊。"（"吾闻老聃博古知今，通礼乐之原，明道德之归，则吾师也。"）

从鲁国国都到达周天子所在地洛邑有千里之遥，这对于没有多少经济来源的孔子来说，几乎是一件难以完成的事情。但是孔子想去朝圣洛邑、拜见老子的愿望是那样的强烈，以至于他的学生南宫敬叔实在不忍心看着他的老师日思夜想，便面求鲁昭公，建议他资助孔子的朝圣之旅。鲁昭公接受了南宫敬叔的建议，送给孔子一辆马车、两匹马和一个跟随的僮仆，支持他远道求师之举。在南宫敬叔陪同下，孔子踏上了千里求师之路。

老子听到鲁国的孔丘不远千里前来求教的消息后，十分高兴，令僮仆赶快把街道打扫干净，又令仆人套上车，亲自到郊外迎接孔子。孔子在洛邑逗留了几日，他观明堂、入厉穆庙，又得以阅读周王室丰富的藏书档案，学到不少东西。

孔子向老子请教礼的问题，老子说："你所说的礼，倡导它的人和骨头都已经腐烂了，只有他的言论还在。况且君子生逢其时就驾着车出去做官，生不逢时，就像蓬草一样随风飘转。我听说，好的商人把钱财隐藏起来，好像什么东西也没有，君子具有高尚的品德，容貌看起来却像愚钝的人。去掉你的骄气和想入非非、装模作样与不切实际的奢望吧！这些对你都没有什么好处。我要对你说的就是这些。"

孔子入周问礼碑

老子教授完孔子后又引孔子访大夫苌弘。苌弘善乐，教授孔子乐律、乐理，并引孔子观祭神之典，考宣教之地，察庙会礼仪，使孔子感叹不已，获益不浅。

　　逗留数日，孔子向老子辞行，老子临别赠言说："我听说有钱的人在送行的时候，送人的礼物是钱财或宝物；有道德的人送人的时候，送的是金玉良言。我没有钱，那就只好权当有道德的人来送你几句话了。在当今时代，聪明且善于观察的人遇到困难差点丧生，原因就是他喜欢讥笑别人的是非；善辩而通达的人引祸至身，就是因为他喜欢宣扬别人的缺点。希望你记住：做事不要做过了头，矫枉过正是结仇的根源。做人不能出现骄气，不要过于任性，其犹龙邪！）

　　更不要趾高气扬地摆阔气……"

汉画像砖：孔子问礼图

　　孔子被老子通达睿智的思想、深不可测的学识和不浊于世的品格深深地折报了，以至于张口结舌，惊讶地说不出话来。孔子回去后，一连三日不谈与老子见面的事，后来他对弟子说："鸟，我知道它能飞；鱼，我知道它能游；兽，我知道它能跑。会跑的可以用网去捕它，会游的可以用丝线去钓它，会飞的可以用箭去射它。至于龙，就不是我所能知道的了，它是乘风驾云而飞腾升天的。我今天见到的老子，就如同龙一样吧！"（"鸟，吾知其能飞；鱼，吾知其能游；兽，吾知其能走。走者可以为罔，游者可以为纶，飞者可以为矰。至于龙，吾不能知，其乘风云而上天。吾今日见老子，这两位圣贤先哲的相遇，不仅是儒道两种思想文化相互碰撞和交流的明证，而且也成就了我国思想文化史上空前绝后的一大盛事。

避乱适齐

正当孔子踌躇满志地从洛邑回到鲁国的时候，鲁国高层却出现了鲁昭公同以季氏为首的当权贵族"三桓"集团的关系濒临决裂的政治危机，这对孔子的人生道路产生了影响。

三桓指的是孟孙氏（也称仲孙氏）、叔孙氏、季孙氏三家王室贵族，因为都是鲁桓公的后代，所以称为"三桓"。这三家贵族在鲁国长期的立君立族活动中起着重要作用，自鲁宣公时起，便轮流担任执政，势力逐渐强大起来，其中以季氏的权势最大。鲁襄公十一年（公元前562年），季氏当权者季武子打破周初天子六军、大国三军、次国二军、小国一军的规定，把鲁国原来的上下两军改编为上、中、下三军，由三家大夫各率一军。这样，原来由国君掌握的政权力量就被三家实际控制，即史称之"三分公室而各有其一"。鲁昭公四年（公元前538年），三桓又开始对鲁国进行第二次瓜分，撤去中军，把上下军分为四股，季氏季武子占取其二，孟孙氏、叔孙氏各取其一。于是，鲁国大权尽归季氏，公室衰落，君权式微。此后季氏在鲁的行为日益嚣张，居然僭礼使用天子才能用的"八佾"之舞祭祖（一佾为一行八人，八佾即八行六十四人的舞队。周礼国君祭祀用六佾，大夫祭祀只能用四佾），孔子对这种严重违礼行为表示强烈不满，提出了严厉的批评："连这样都可以容忍，还有什么不可以容忍的呢？"（"八佾舞于庭，是可忍也，孰不可忍也！"）

鲁昭公二十五年（公元前517年），孔子刚从洛邑问礼归来，鲁国发生了

"斗鸡之变"。这是一次因斗鸡游戏引发的几个权贵与当权者季平子之间的权力之争。开始是季家的鸡翅膀上加了芥末，所以郈家无论怎样雄壮的斗鸡总是被弄瞎了眼睛，连连失败。后来郈家发现了这一秘密，便在鸡爪上装上锋利的小铜钩，于是季家的鸡又无一遗漏的被抓瞎了眼睛，总是以失败而告终。就在祭祀的当天下午，他们又进行了一次角逐，季家发现了郈家的鸡爪上装有铜钩，于是矛盾突然激化。对于季平子操纵鲁国大权，鲁昭公早已不满，便趁着这个机会，与郈昭伯一起，联络起另一贵族臧昭伯，在同年秋天发兵围困季平子。力量的对比，关键要看鲁国的另外两家世卿叔孙氏与孟孙氏的态度。叔孙氏的家臣建议叔孙氏："我等与季氏同为上卿，三分公室。三足鼎立，三家俱存；一荣俱荣，一损俱损。"于是叔孙氏非但没有支持国君，反而派兵救援季平子。正在观望的孟孙氏见有机可乘，立即将前来联络的郈昭伯杀死，也起兵响应。鲁昭公大败，被迫逃亡齐国。

"斗鸡之变"发生后，鲁国内乱不止，于是孔子带着弟子离开鲁国前往齐国。孔子适齐，当然是迫于鲁国的内乱，但是深层的原因还是孔子想借助齐国有所作为，以期真正实现自己忠君尊王、实行仁政、天下安定的远大政治理想。而且在他适齐之前，就曾在鲁国与齐景公有过交往，并留下了较好的记忆。那是鲁昭公二十年（公元前522年），齐景公与晏婴一起来鲁国，齐景公曾经请教孔子："秦穆公的秦国国家小而又处于偏僻的地方，然而他却能够称霸，这是什么原因呢？"当时，正值而立之年的孔子毫不迟疑地就给出了明确的答案："秦国虽小，志向却很大；所处地方虽然偏僻，但施政却很公正恰当。秦穆公亲自提拔用五张黑羊皮赎来的百里奚，授给他大夫的官爵，把他从拘禁中解放出来后就与他一连谈了三天的话，随后就把执政大权交给了他。用这种精神来治理国家，就是统治整个天下也是可以的，他这个霸主还是小的呢。"

怀着对齐景公的尊敬与施展抱负的憧憬，孔子带领弟子们踏上了去往齐国之路。相传，孔子与学生们东行来到了齐、鲁两国交界的泰山脚下，正行进于荒山野郊之中，忽然从远处传来了阵阵凄惨的哭声。孔子与学生们循声望去，原来是一位妇人正坐在一个新坟前哀哭。孔子让子路上前询问情由，子路说："听你的哭声，像是特别地哀伤。您为什么哭得这么伤心呢？"妇人说："先前我公公被这山里的老虎咬死了，我丈夫后来也是被老虎咬死的，现在我儿子又被老虎咬死了，我怎能不伤心呢？"孔子说："那你为什么不离开这地方呢？"妇人回答道："这里没有缴不完的苛捐杂税啊！"孔子感叹地说："弟子们，你们应该牢记，苛政猛于虎呀！"

齐国是西周初年周王室的军事统帅姜尚的封地，地广土肥，农业发达，又有渔盐之利，曾是春秋初年的霸主之一，常与鲁国发生纠纷。孔子来齐后，齐景公十分高兴，常向孔子请教治理国家的方法。据《史记·孔子世家》记载：一天，齐景公向孔子请教如何为政。孔子说："国君要像国君的样子，臣子要像臣子的样子，父亲要像父亲的样子，儿子要像儿子的样子。"景公听了后，说："你说得对极了！假如国君不像个国君，臣子不像个臣子，父亲不像个父亲，儿子不像个儿子，即使有很多的粮食，我怎么能吃得着呢！"（齐景公问政于孔子。孔子对曰：君君、臣臣、父父、子子。公曰：善哉！信如君不君、臣不臣、父不父、子不子，虽有粟，吾得而食诸？）改日，齐景公又向孔子请教为政的道理，孔子说："管理国家最重要的是节约开支，杜绝浪费。"（"政在节俭。"）

孔子很得齐景公的赏识，于是想把尼溪地方的土地封给孔子。但齐景公的想法遭到了当时的齐国国相晏婴的强烈反对。晏婴说："这些新兴起来的儒士，能说会道，但不能用法令来约束他们；他们高傲任性自以为是，不能任为下臣使用；他们重视丧事，竭尽哀情，为了葬礼隆重而不惜倾家荡产，不能让这种做法形成风气；他们四处游说乞求官禄，不能用他们来治理国家。自从那些圣贤相继去世之后，周王室也随之衰微下去，过去的礼节乐章也好久没有人弄得明白了。现在孔子讲究仪容服饰，详细制定繁琐的上朝下朝礼节，刻意于快步行走的规矩，这些繁文缛节，就是几代人也学习不完，毕生也搞不清楚。您如果想用这套东西来改变齐国的风俗，恐怕解决不了什么急迫的实际问题。"晏婴认为，孔子崇尚的繁文缛节，中看不中用。

晏婴是个精明练达、识见深刻的政治家，他对孔子的批评颇能切中要害。齐景公接受了晏婴的劝告，从此对孔子敬而远之。晏婴反对重用孔子，但并没有使孔子心怀憎恨，相反，孔子称赞晏婴善于和别人交朋友，相交越久，别人越发尊敬他。（"晏平仲善与人交，久而敬之。"）在齐国期间，孔子继续抓住机会考察学习礼乐，留下了"与太师语乐，闻《韶》音，学之，三月不知肉味"的美谈。

孔子闻韶处

鲁昭公二十七年（公元前 515 年），齐国的大夫想加害孔子，孔子听说后向齐景公求救，齐景公说："吾老矣，弗能用也。"孔子只好仓皇狼狈地逃回鲁国（孔子之去齐，接淅而行）。

归鲁出仕

孔子游齐返鲁之后，鲁国的政局更趋动荡混乱。鲁定公五年（公元前 505 年），季平子卒，其子桓子嗣立。阳虎趁着桓子新立还未站稳脚跟，铲除了其党羽，囚禁、挟制了季桓子，从而控制了鲁国政局。这时的鲁国不仅是"季氏僭于公室"，更出现了"陪臣执国命"的局面，孔子因之而不仕，专心于授徒讲学，声望日隆。孔子集中精力办教育，还结合教学实践，作着修订《诗》《书》《礼》《乐》等著作的准备工作。这个时期前来拜师的弟子除山东境内的齐、鲁外，还有从楚（湖北）、晋（山西）、秦（陕西）、陈（河南）、吴（江苏）所属各地慕名而来的，几乎遍及当时主要的各诸候国。颜回和子贡、还有冉求、仲弓、闵子骞、宰予、公冶长等，都是这一时期师事孔子的有代表性的弟子。

大权在握的阳虎为了稳固自己的政治地位，有意请已颇负声望的孔子出来与他合作共事，但孔子对阳虎则是敬而远之。为了同孔子取得直接的接触，阳虎绞尽脑汁，终于想出了一个计策。一天，他趁孔子不在家时，派人把一个蒸熟了的小猪送给孔子。按照当时的礼节，孔子必须亲自到他家致谢。但孔子并不愿意见他，于是聪明的孔子也想趁阳虎不在家时道谢。但碰巧的是，致谢回来的途中，孔子恰好撞见了阳虎，于是两人不得不进行了一次交谈。阳虎用"怀其宝而迷其邦"不可谓仁，"好从事而亟失时"不可谓知，"日月逝矣，岁不我与"这样的话，来暗示孔子不应该浪费时光，浪费自己的才能，应该出来从政致仕。孔子听后不冷不热地说："是的，我是打算出来做官的。"（"诺，吾将仕矣。"）孔子希望出仕的愿望已久，只是不愿意做一个阳虎当权时的官。

定公八年（公元前502年），阳虎的同党公山弗扰（即公山不狃）盘踞费邑谋叛季氏，派人邀请孔子。长期怀才不遇的孔子，想应邀前往以施展自己的政治才能与抱负。子路很不以为然，便劝阻孔子，孔子说："那个叫我去的人，难道是白白召我去吗？假如有人真能用我，我就会将周文王、周武王和周公的事业在东方复兴起来。"（"夫召我者，而岂徒哉？如有用我者，吾其为东周乎！"）这反映了孔子希望出仕的真实心声，但他终究还是没有前往。

定公九年（公元前501年），阳虎谋乱事败，奔齐，而后又逃往晋国，为赵简子所用，鲁国内乱平息。为了保持鲁国稳定的局面，鲁定公起用了德高望重的孔子。是年孔子五十一岁，被任命为中都宰。

鲁国的中都这个地方十分混乱，饥民如烟。孔子上任后考察民情治理中都，开垦荒地，一年不到，中都县周围的地方都开始效法中都的做法。据《孔子家语》记载，孔子定了几条规矩：长幼异食，强弱异任，男女别涂，路无拾遗，器不雕伪。为四寸之棺，五寸之椁。因丘陵为坟，不封不树。鲁定公甚为赏识孔子的政绩，特意问孔子："用治理中都的办法治理鲁国可以么？"孔子回答说："用我的方法治理天下都可以，何况只是一个鲁国呢。"（"学子此法，以治鲁国，何如？""虽天下可以乎！何但鲁国而已哉？"）

　　一年之后，孔子升任司空，不久又升任大司寇。据说，孔子一出任司寇，那些不法奸商、行为不检点的人、平日胡作非为者，慑于孔子的声威，赶紧敛迹遁行、改邪归正。

　　孔子居官认真负责、勤勤恳恳，待人谦和、礼让为怀。有一次在处理父子诉讼案时，针对父亲告儿子不孝、儿子告父亲打人的控告，孔子并没有立即判谁的罪，而是在了解清楚情况后把他们监管起来让他们各自反省。等到都想通了并各自找到了自己的不对之处后，孔子把他们全部释放，自此后父慈子孝、连个口角也不再发生。

　　作为全权负责公检法的官员，处理案件，审判官司，当然是孔子的首要任务。他改变了以往由贵族官吏根据惯例专断判决的习惯，从仁的精神出发，听取各方面的建议和意见，择其善者而从之。"孔子为鲁司寇，断狱讼，皆进众议者而问之曰：'子以为奚若？某以为何若？'皆曰云云。如是，然后夫子曰：'当从某子几是。'"

　　任职大司寇期间，最能表现孔子政治才干的莫过于夹谷之会了。在夹谷之会上，孔子为鲁国赢得了重大的外交胜利，从而达到他一生中的仕途巅峰。

　　鲁定公十年（公元前 500 年），鲁定公与齐景公相会于夹谷（今山东莱芜），孔子以司寇身份任鲁君相礼。这个相礼，也就是司仪。当时的情况，齐比鲁强，齐人很想借此机会侮辱鲁国，压服鲁国。

　　会盟前，齐国大夫犁瘾听说孔子为鲁相后，片面地认为孔子只懂得礼而无勇，劝齐景公在两君相会时，派附近的莱人以武力劫持鲁定公，以达到其目的。而鲁国这一面，孔子也劝鲁定公做两手准备，在会盟时采取必要的军事防范措施。孔子说："我听说办理外交必须要有武装准备，办理武事也必须要有外交配合。从前诸侯出了自己的疆界，一定要带齐必要的官员随从。请您安排左、右司马一起去。"也就是所谓的"有文事者必有武备，有武事者必有文备"。由于孔子的建议，鲁定公加派了军队和军事长官。

定公在夹谷与齐景公相会，在那里修筑了盟坛，坛上备好席位，设置了三级登坛的台阶，用国君相遇的简略礼节相见，拱手揖让登坛。彼此馈赠应酬的仪式行过之后，齐国以奏四方之乐为名，让莱芜当地的兵士全副武装突然登场，刀枪剑戟、鼓噪而至，想在大家惊慌之中劫持鲁国国君。形势骤然紧张，鲁定公更是不知所措。孔子见状赶忙跑过来，一步一阶快步登台，还差一级台阶时，便扬起衣袖一挥，说道："我们两国国君为和好而来相会，为什么在这里演奏夷狄的乐舞！请命令管事官员叫他们下去！"景公心虚，自知礼亏，赶忙挥手斥退莱人。然而，当两国盟誓时，齐人又单方面在盟书上加上一款不平等条文，即若齐国出师征伐，鲁国必须派出三百辆兵车相随，否则，鲁国即为破坏盟约而应受到惩罚。很明显，这就是要鲁国无条件承认自己是齐国的附庸国。而孔子亦不甘示弱，当机立断派鲁大夫兹无还回敬齐人说："你们齐国如果不归还我鲁国的汶阳之田，而要我们听命于齐，那也是破坏盟约！"

夹谷之会后，齐景公颇感失礼的难堪，怒斥身边的随从人员说："孔子引导他的国君遵循古人礼仪，你们却引导我学夷狄的陋俗，真是丢人！"为了改善齐鲁两国的双边关系，只好履行盟约而先归还侵占的汶阳地区的郓、灌、龟阴等三邑给鲁国。

孔子随机应变，折冲尊俎，以"礼"为武器进行斗争，以弱胜强，保全国格，取得了外交上的重大胜利，充分展示了他个人智谋、胆识过人的政治、外交才干和人格魅力。

夹谷之会的胜利，使鲁国赢得了一个相对安全的国际环境，也提高了孔子的声望和地位。但鲁国国内的政治危机并没有因此而消除。接下来的"堕三都"则改变了孔子的政治命运。

定公十二年（公元前 498 年），孔子五十四岁，受鲁执政（最高行政长官"相"）季桓子委托，协助其治国理政，这乃是孔子一生政治生涯的巅峰。孔子终于走向了政治舞台的最前台，担纲主角以施展其政治抱负与理想，他要加强在其位却不谋其政的君主的权威，重振式微的公室。而欲"张公室"，则必先裁抑、削弱擅权专政的"三桓"的势力。于是，孔子运筹帷幄，向定公提出了"堕三都"的建议。

三都，指季孙氏费邑领地城堡（今山东省费县），叔孙氏郈邑领地城堡（近山东省东平县），孟孙氏成邑领地城堡（今山东省宁阳县东北），其中又以季孙氏费邑领地城堡最大最坚固。这些城堡都由他们的家臣掌管，在那里发展武装，修筑城堡，具有很强的独立性。"三桓"经营三都的目的是为了加强自己的势力，但随着家臣力量的不断强大，这些城堡往往成为家臣们叛乱的根据地，他们不但侵凌"三桓"，还越过"三桓"直接干预国政，直接威胁到了"三桓"乃至国家的安全。如鲁昭公十四年，季孙氏的家臣以费邑领地城堡反叛季孙氏；鲁定公五年，阳虎利用领地城堡囚禁季桓子；鲁定公八年又挟汶阳之田叛鲁奔齐；鲁定公十年，侯犯又以郈邑领地城堡反叛等。家臣们以领地城堡屡屡闹独立、搞反叛的行动，已经严重地威胁着"三桓"，尤其是季孙氏、叔孙氏的集团利益，甚至已经成为他们寝食难安的一块心病。

孔子清楚地觉察到了"三桓"与各自家臣的不可调和的矛盾，趁机建议拆毁三都，以消除家臣叛乱的隐患。

孔子此议得到了鲁君的支持，也得到了"三桓"的积极响应，"堕三都"如期进行。很快就顺利地拆毁了叔孙氏的郈邑城堡。

第二步拆除季孙氏费邑城堡时，却遇到了激烈的反抗。费邑宰公山不狃，认为如果不能抵抗住城堡的拆除，结果只有死路一条。于是公山不狃不遗余力地进行猛烈地反击，并趁鲁国国都曲阜空虚之时，率费人突袭曲阜。情急之下，鲁定公与季孙氏、叔孙氏、孟孙氏匆匆躲入季孙氏住宅。此时的孔子没有慌乱，迅即命令大夫申句须、乐颀率兵反击，并于姑蔑（今山东泗水县东）打败了公山不狃。没有退路的公山不狃只好逃向齐国。随之，最大也最坚固的季孙氏费邑领地城堡也被拆除。

一切似乎都在平稳之中进行着，胜利已是指日可待，然而此时，"堕三都"却遇到了一个真正的阻碍。这个阻碍来自于孟孙氏的孟懿子，而实际上来自于整个"三桓"。

孟孙氏成邑领地城堡在鲁国的北部，距离齐国边境不远。孟孙氏有个精明的家臣公敛处父，意识到了孔子堕三都、强公室的政治目的，就对孟孙氏讲了一番话："如果毁掉成邑，齐人就可以毫无阻挡地直达鲁国的北门；况且成邑又是孟孙氏的保障，没有成邑，就没有孟孙氏。您装作不知道，那么我们就不用拆毁城堡。"（"堕成，齐人必至于北门。且成，孟氏之保障也。无成，是无孟氏也。子伪不知，我将不堕。"）这番话使孟懿子惊醒过来。

果然，孟懿子照计行事，表面没有任何反对堕城的言行，暗中却全力支持公敛处父的反抗。从夏天一直拖到冬天，成邑领地城堡依然安然无恙、毫发未损。眼看着"堕三都"的计划就要毁于一旦，鲁定公于这年的十二月，亲自出马带领军队围困成邑城堡。让孔子想不到的是，季孙氏、叔孙氏却采取了消极观望的态度。鲁定公亲自率师围城，终于无功而返，"堕三都"的计划功败垂成、不了了之。而与此同时孔子与"三桓"的矛盾也开始激化了。

孔子在鲁国的卓越政绩，令鲁国"三桓"心有余悸，也令鲁国的近邻齐国恐惧。齐人惧怕鲁国强盛起来，威胁自己的安全，便使出了"美人计"。齐景公依大夫犁钮的计策，挑选了八十个盛装美女，外加一百二十匹披挂彩衣的骏马，送给鲁国国君。齐国的美女与骏马到了鲁国国都曲阜城南门外，不敢贸然进城，而是先派人谒见季孙氏季桓子。季桓子心有所动，身着便服前去观看，事后又去汇报给鲁定公，鲁定公也以察看民情为借口前去观看，然后就全部收下。自此以后，鲁定公是"往观终日，怠于政事"，疏远孔子。季桓子也是"三日不听政"，连祭天这样的国事都不去参加。急性的子路忍不住劝老师离开。孔子何尝不想离开啊？他早已厌倦与这些人同流合污。但是早生退意的孔子似乎还对治理鲁国抱有着难以割舍的留恋，并对季孙氏存有一丝幻想，希望他能悔悟，甚至重新出现"三月不违"的和谐局面。他在做着最后的等待。不久鲁国举行郊祭，祭祀后按惯例要送祭肉给大夫们，然而孔子并没有得到他应得的那一份，这表明季氏已经不愿再任用他了。鲁定公十三年（公元前497年），五十五岁的孔子怀着惆怅的心情，离开了他生于斯、长于斯的故土，开始了长达十四年周游列国的人生旅程。

《孟子·万章下》记载，孔子离开鲁国时，对弟子们说："让我们慢一些走吧！"其伤感悲哀之情不言自明。

当他们走过鲁国北面不远的龟山，孔子再回首故国，龟山挡住了他的视线，孔子悲从中来，哀愤之情泉涌而出：

> 我想看见鲁国啊，（予欲望鲁兮，）
>
> 龟山遮挡了它。（龟山蔽之。）
>
> 手上没有斧头，（手无斧柯，）
>
> 对龟山我奈何？（奈龟山何！）

这就是孔子创作、演唱的《龟山操》，表达了他对祖国的无限眷恋。

访復卫国

孔子带领他的十多名弟子决定西行先到卫国去。原因有四：一是卫国系周康叔之后，与鲁国为兄弟之国（鲁国始祖周公与康叔是兄弟）；二是卫国与鲁国接壤；三是子路的妻兄颜浊邹在卫国任贤大夫；四是卫国以多君子而闻名于列国。因此，卫国是孔子周游列国的第一站，也是孔子出入和停留时间最长的诸侯国。

卫国的都城帝丘（今河南省濮阳县），繁荣异常，人烟稠密，长街之上，比肩继踵，熙来攘往，这是国家安定昌盛的标志，孔子见了赞叹不已。

冉有见孔子啧啧称赞便问，"人口已经众多了，下一步该如何呢？"

孔子回答说："使人民富裕起来。"

"那么，人民富裕起来以后呢？"

"施以教化，让人们接受良好的教育。"

这是孔子初到卫国所提出的第一条重要的政见。孔子诚恳地期望一个国家的人民不仅众多，而且能过上一种繁荣富裕、富有教养的小康生活。

在卫国，卫灵公表面上对孔子礼遇有加，给他六万斗即相当于二千石的俸米（与鲁国一样多），但内心对这位异国来客并不信任。这样，孔子俸禄虽丰，却不得参与政事，因而无法实现自己的政治理想。不久，有人在卫灵公面前进谗言，使卫灵公对孔子起了疑心，并派人公开监视他的行动。孔子只好于当年冬天，带领弟子离开卫都。

当他们从卫都帝丘向西南方向走了 60 余公里的行程，路过匡邑（原属卫，后被郑国占领）时，驾车的颜刻手挥马鞭指着匡邑城墙的一处缺口说："当年我们就是从这里打进去的。"颜刻的话正好被匡地人听到，险些给孔子惹来杀身之祸。原来，阳虎曾于鲁定公六年带兵侵郑，攻打过匡地，至今还为匡人所嫉恨，而孔子又长得很像阳虎，匡人以为阳虎又来了，于是把孔子拘禁了起来。在混乱中，孔子的学生被冲散了。当颜回最后一个回到孔子身边时，孔子焦急地说："我以为你已经被杀死了呢！"颜回心怀对老师的尊敬说道："老师，你还在，我怎么敢先死呢？"

匡人拘禁了孔子一行五天，在这样激烈而又危急的时刻，感到情势严重的孔子没有一点慌乱。孔子镇定地告诉学生："周文王已经死去，周代的礼乐制度不就在我们这里吗？上天如果要毁灭这些礼乐制度的话，就不会让我们这些后死的人承担起维护它的责任。上天并没有要消灭周代的这些礼乐制度，匡人又能把我怎么样呢！"（"文王既没，文不在兹乎？天之将丧斯文也，后死者不得与于斯文也；天之未丧斯文也，匡人其如予何！"）

在如此困境中，孔子引琴而歌，琴音歌声甚为哀愤，匡人也受到感染，终于知道孔子一行并非阳虎之流，遂解围而去。

孔子一行离开匡城，行不到两日，却又在蒲乡（今河南省长垣县境内）受阻。卫国贵族公叔戍被卫灵公驱逐，正据蒲策动叛乱，孔子一行又遭蒲人的劫持胁迫。以私车五乘随行的学生公良孺，英武勇猛，愤慨地说："我们刚从匡邑逃难出来，却在这里又遇难。我们和老师再次遭难于此，宁可拼死而战！"于是率领众人与蒲人展开了一场拼杀搏战。蒲人一时很难制服孔子师徒，心生惧意，便向孔子讲和，只要孔子不带学生到卫都帝丘去，他们就放行。孔子表示同意，并与蒲人举行了盟誓。谁知盟誓刚过不久，他们却又接到了卫国贤大夫蘧伯玉的信，卫灵公邀请孔子一行回到卫国。

孔子一出蒲城东门，便吩咐学生取道北上，直奔卫都而去。子贡不解地问："我们怎么能不遵守盟约呢？"孔子回答："他们强迫我们订立的盟约，即使神灵也不会认同，我们当然不必遵守。"（"盟可负邪？""要盟也，神不听。"）

卫灵公很高兴孔子师徒能回到卫都来，亲自到郊外迎接。而孔子这次返卫，不仅受到卫灵公的郊迎，更惊动了灵公的夫人南子。南子是宋国人，长像十分俊俏，又富有风情，深得卫灵公的宠爱。她想见一见来自异国他乡的名人孔子，于是派人传话："四方来的贤人名士，凡是愿意与我们国君建立深厚友谊的，都要前来拜见我，我也想见见四方的贤人名士。"（灵公夫人有南子者，使人谓孔子曰："四方之君子，不辱，欲与寡君为兄弟者，必见寡小君。寡小君愿见。"）

孔子虽再三辞谢，最后还是不得已去见了南子。"子见南子"之后，子路极其不满，孔子不得不发誓道："我假若不对的话，上天一定厌弃我！上天一定厌弃我！"（子见南子，子路不悦。夫子矢之曰："予所否者，天厌之！天厌之！"）

然而灵公日见衰老了，他怠于政事，也无心起用孔子。甚至有一次，卫灵公与夫人南子同车外出，以宦官雍渠做参乘，使孔子为次乘，招摇过市。这使孔子很生气，大声斥责："我没有见过喜好道德像喜欢美色一样的人。"（"吾未见好德如好色者也。"）

孔子对自己的政治才能很是自信，他认为只要有人任用他治理国家，一年就能使这个国家走上轨道，三年就会大有成就。（"苟有用我者，期月而已，三年有成。"）只是孔子在卫迟迟得不到重用，实现自己的理想也遥遥无期了。

鲁定公十四年（公元前496年），卫灵公世子蒯聩刺杀母亲南子未遂，逃往宋国，后来又逃往晋国。鲁哀公二年四月（公元前493年），在位四十二年的卫灵公去世了。围绕着君位继承问题，蒯聩父子展开了争权夺利的斗争。灵公死后，由于蒯聩正逃亡在晋，所以立蒯聩之子为国君，是为卫出公。而晋国执政赵简子却竭力扶持蒯聩回国继灵公为君。灵公死后两个月，赵简子便派阳虎帅师护送蒯聩以奔丧为由回国。在齐国的帮助下，卫出公派兵把其父围困在距卫都仅20公里左右的戚邑。蒯聩父子为了争权夺位，各自在晋、齐大国的支持下，剑拔弩张，兵戎相见，一时间卫国的政局一片混乱。"危邦不入，乱邦不居"，眼见从政无望，在卫国彷徨了四年之久的孔子率领弟子们再次离开卫国，奔赴陈国。

如丧家犬

孔子一行离卫适陈的路途中，路过宋国，不料却得罪了宋国司马，差点被害。宋司马桓魋骄横奢侈，妄想死后不朽，就命工匠在生前给他造一座巨型石椁。工匠们辛辛苦苦干了三年竟然还未完工。孔子听说这事，很是不满，于是批评桓魋说："与其这样奢侈浪费，倒不如死后快点烂掉的好！" 这话传到桓魋耳中，桓魋怀恨在心、伺机报复。

一天，孔子与学生们正在一棵大树下演习礼仪，桓魋派人前来寻衅滋事，把大树砍倒，并欲杀害孔子。学生们深恐老师横遭杀身之祸，就催促孔子快些动身离开宋国。孔子则从容不迫地对学生们说："上天将道德的使命赋予给我，桓魋能够拿我怎么样呢？（天生德于予，桓魋其如予何？）

为了安全起见，孔子师徒决定早点离开。匆忙离去的路途中，孔子与学生们都失散了。到达郑都新郑（今河南新郑县）后，孔子一人独自站在郑都城的东门外等候弟子们前来会合。子贡等人到郑都后便四处打听老师的下落，一位当地人告诉子贡说："城东门那里站着一个人，他的额头像尧，脖子像皋陶，肩膀像子产，但从腰以下比禹短了三寸。他一副狼狈不堪、无精打采的样子，活像一只无主的丧家狗。" 最后一句把孔子流亡时的窘境说得活灵活现。子贡到城东门找到了孔子，并把当地人对他讲的话如实讲给孔子听。孔子听后，出人意料地欣然笑着说："说我的相貌如何并不重要。倒是他说我的样子像只无主的丧家狗，说得太对了，说得太对了！"（孔子适郑，与弟子相失，孔子独立郭东门。郑人或谓子贡曰："东门有人，其颡似尧，其项类皋陶，其肩类子产，然自腰以下，不及禹三寸，累累若丧家之狗。" 子贡以实告孔子。孔子欣然笑曰："形状，末也。而谓似丧家之狗，然哉！然哉！"）

在孔子欣然笑答的背后，又隐藏着多少世人难以体会的心酸呢？心怀报国之愿却未遇到理解他、重用他的明君，年过半百依然奔波在理想的道路上，找不到一个能够伸展身手的落脚之地。从齐到鲁、从鲁到卫、从卫再到郑，竟如无人收留的丧家之狗。然而，这还只是奔波的开始。

孔子与学生们在郑国都城的东门会合后，继续赶路。鲁哀公三年（公元前492年），孔子一行终于顺利到达了陈国。这一年，孔子已经60岁了。

到达陈国的孔子与学生们，住在司城贞子的家里。一路遭受冷遇的孔子师徒，受到了司城贞子的尊重与热情接待。司城贞子向陈湣公推荐了孔子，孔子便在陈国住了下来，主要从事文化教育活动。

据《史记》载，一次，有一只鹰跌落在陈国的宫廷中死了，身上穿了一支楛木做的箭，箭头是石头做的，箭长一尺八寸。大家都不知道这支箭的来历，陈湣公便派人向孔子请教。孔子说："那只鹰是从很远的地方飞来的，那支箭是肃慎族的。从前周武王伐纣灭商，和四方的蛮夷民族来往，开导他们。他恩威并施，要他们把各地的特产献给朝廷，叫他们不能忘记自己的职责义务。于是素慎人献来楛木做的箭杆，石头做的箭头，长度是一尺八寸。周武王为了显示他的美德，就把肃慎部族的箭分给长女太姬，后来太姬嫁给了虞胡公，虞胡公又封在陈国。当初王室分美玉给同姓诸侯，用意是要展现亲谊，分远方贡物给异姓诸侯，是要他们不忘归服周王，所以分给陈国肃慎人的箭。"陈湣公听了，叫人到旧府去查证一下，果然找到了这种箭。

孔子在陈国居住了三年左右。三年期间，孔子只是陈湣公"礼贤"的摆设而已，并未担任实际的官职。

绝粮陈蔡

陈国是一个弱小的国家，鲁哀公六年（公元前489年），吴军攻打陈国，陈国政局混乱。孔子与学生们不得不避乱而去。这一次，孔子想到了楚国。

楚国幅员辽阔，充满生机，能为孔子提供一个甚至比齐国还要大的政治舞台。而楚昭王是楚国历史上少有的明君，孔子很是欣赏。在吴军攻打楚国时，楚昭王率师前来救援，驻扎在陈国东北部。不料，昭王在军中生了病，占卜的人说："大王的病是由于黄河之神在作祟。应前去祭奠。"楚昭王不肯前往祭祀。大夫们请求改在郊外祭祀，昭王认为："三代时规定的祭祀制度，祭祀不超越本国山川。长江、汉水、睢水、漳水，是楚国的大川。祸福的来到，不会超过这些地方。我即使没有德行，也不会得罪黄河之神。"他仍不肯到郊外祭祀。这年，有一片彩云好像一群红色的鸟，在太阳两边飞翔了三天。楚王派人询问成周的太史。成周的太史说："恐怕要应在君王的身上。如果禳祭，可以移到令尹、司马身上。"楚王说，"把腹心的疾病去掉，而放在大腿胳臂上，有什么好处？我没有重大的过错，上天能让我夭折吗？有罪受到责罚，又能移到哪里去呢？"于是就不去禳祭。孔子在陈听说后，对昭王的行为大为赞赏。

孔子不迷信神怪，他认为楚昭王不愧是一位有道明君，而同时楚昭王也十分景仰孔子，听说孔子在陈后，专门派人礼聘孔子到楚国去。楚昭王的邀请又激发了孔子从政的想法，于是孔子决定到楚国这个南方大国去游历一番。

孔子一行启程赴楚，朝负函方向进发，正行进于陈、蔡之间的旷野之中。此时，陈、蔡的大夫们却害怕了。他们深恐孔子受到楚国的聘用而于己不利，便合谋计议曰："孔子是一位有才德的贤者，凡他所讽刺讥评的，都切中诸侯的弊病所在。如今他长久停留在我们陈、蔡之间，各位大夫的所作所为，都不合于孔子的看法、意思。而如果强大的楚国真的聘用了孔子，那我们陈、蔡掌权的大夫可就危险了。"于是，他们双方派了一些服劳役的人把孔子一行围困在陈、蔡之间的旷野上，阻止他们去楚国的行程。

孔子陈蔡绝粮的原因还有不同说法，有人认为是由于战乱所致，即吴伐陈的战争所造成的。这一说法也可提供给有兴趣研究的人士参考。

孔子与他的学生们被围于旷野之上，陷入了"无上下之交"的困境。几天过去了，他们吃光随身带的食物，以至绝粮断炊、只能挖些野菜充饥。弟子们一个个面带饥色、疲惫不堪，有的学生还病倒了。但孔子依然神情自若地讲习诵读，演奏歌唱，传授诗书礼乐毫不间断。

性情率直的子路早已沉不住气了，他很不高兴地来见孔子，并向老师提出了一个尖锐的问题："有德行操守的君子也会有如此困穷的吗?"孔子对他说:"君子自然是难免会遭受困穷的,但他仍能坚持他的操守和理想。而缺乏操守的小人便不同了,他们一遭困穷,就什么事都做得出来。"（在陈绝粮。从者病,莫能兴。子路愠见曰:"君子亦有穷乎?"子曰:"君子固穷;小人穷斯滥矣。"）

弟子们越来越不安了。子贡脸色改变,有不满之意。孔子对他说:"你是否认为我是一个博学多闻的人?"子贡不作声,孔子接着说:"不是的。我所主张的宗旨是贯穿始终而不改变的。"孔子的意思是,他不会因为遇到困难如断粮之类,就会让自己的"仁""礼""君子"等主张随之起什么变化。

孔子知道弟子们因为连续的断粮,已经在心里产生了不满,孔子想,这样的机会也是很难得的,不妨将此困境作为一次特殊的教学实践和学术研讨吧。

孔子把子路叫到跟前,问道:"古诗上说:'不是野牛,不是老虎,徘徊旷野,是何缘由。'难道是我的主张不对吗?不然我们因何困在这儿呢?"（"'匪兕匪虎,率彼野。'吾道非邪?吾何为于此?"）

子路说:"恐怕是我们的仁德不够,陈蔡之人才不相信我们。人家不让我们通行而围困我们,恐怕是我们不够聪明,不愿变通的缘故。"孔子叫着子路的名字说。"由啊!有这样的道理吗?假如有仁德就会使人信任,为什么伯夷、叔齐会饿死在首阳山呢?假如有智慧就肯定行得通,为什么比干会被人剖心呢?"

子路无言而退。

孔子又叫来了子贡,问了他同样的问题。子贡的回答略有不同:"老师,您的理想和主张十分高明远大,也正因为这样,世人才不能理解和接受您的主张。您为何不稍微降低迁就一些呢?"

孔子回答:"赐啊,好的农夫虽然善于耕种,但不一定有好的收成;好的工匠虽然有精巧的手艺,却不一定能使人们都称心如意。有修养的人能够坚定不移地研修自己的学说,但是却不一定被人理解接受。你现在不努力修养自己,却想如何迎合世人的俗好。赐啊!你的志向太不远大了啊。"

孔子最后叫来了他最为得意的学生颜回,还是提出了同样的问题。颜回说："老师的理想极为高明远大，所以天下才没有人能理解接受。尽管如此，老师还是一如既往地争取实现这种理想主张，即使不能被人理解接受，又有什么值得遗憾的呢？不被人接受，才能反衬出君子道德和学问的高尚。如果一个人不研修自己的学说，这是我们自己的耻辱。如果有了治世的良策，而各国诸侯不能任用我们去实行，这是国家掌权者的羞耻。不被天下接受又有何遗憾？不被接受，才显出君子人格的高尚！"

颠簸流亡的孔子，听到了颜回的回答，欣然而笑，说道："颜家的子弟呀！如果有一天你成了富翁，我愿意给你当家臣、做管家。"（"有是哉颜氏之子！使尔多财，吾为尔宰。"）

孔子适时的教育让弟子们波动的情绪逐渐平稳下来。他们商定由能言善辩的子贡只身前往楚国求援。在孔子与弟子们绝粮后的第七天，楚国派来援军将他们解救了出来。渡过难关的孔子师徒，终于按照既定的目标，向楚国继续前行。

居蔡游楚

孔子自陈适楚，必须经过蔡国，孔子在蔡国逗留了一段时间。蔡国大夫公孙翩射杀蔡昭公，蔡国发生内乱，孔子去了距蔡地不远的楚地负函。到达负函后，孔子一行受到了时任负函守将的叶公沈诸梁的礼遇与款待。

叶公向孔子请教为政治民的道理，孔子答："为政者要想成功，那就是要让境内的人感到幸福快乐，让境外的人争相来投奔。"（"近者说，远者来。"）这正是孔子一贯的政治主张。叶公告诉孔子说："我们乡里有一个躬行正直的人，他的父亲偷了人家的羊，儿子出来做证明。"孔子说："我们乡里的正直人和这儿不一样。父亲替儿子隐瞒，儿子替父亲隐瞒，这样，政治也就在其中了。"叶公还曾向子路打听孔子的情况，子路没有回答。孔子听说这件事后就对子路说："仲由，你为什么不对他说：'他这个人呀，学习起道理来不知疲倦，教导人全不厌烦，发奋学习时就忘记了吃饭，快乐时就忘记了忧愁，以至于连衰老即将到来都不知道。'"（"仲由，你为何不回答他说'其为人也，学道不倦，诲人不厌，发愤忘食，乐以忘忧，不知老之将至'，不过如此而已。"）

离开了叶公，在回蔡的路上，长沮、桀溺两人一起在田里耕作。孔子看出了他们是隐居的高士，就叫子路前去打听渡口的方位。长沮问："那车上手执缰绳的人是谁？"子路说："是孔丘。"长沮说："是鲁国的孔丘吗？"子路说："是的。"长沮说："那他该知道渡口在哪儿了。"桀溺又问子路说："你是谁？"子路说："我是仲由。"桀溺说："你就是孔丘的门徒了？"子路说："是的。"桀溺说："天下哪儿都是一样的动荡啊，但是又有谁能改变这种局势？况且你与其跟着那逃避暴君乱臣的人到处奔波，还不如跟着我们这种避开整个乱世的人来得安逸自在呢！"说完就去种地了。

子路把经过报告了孔子，孔子怅然地说："人总该有责任的，怎可自顾隐居山林，终日与鸟兽生活在一起。天下如果清明太平的话，那我也用不着到处奔走想要改变这个局面了。"

还有一天，子路与其他人走散了，在路上遇见一位肩上挑着除草竹器的老人。子路有礼貌地问道："你看见我的老师了么？"老人说："你们这些人，手脚都不劳动，五谷也分不清楚，谁是你老师我怎么会知道？"只管拄着杖去除草。事后子路把经过告诉了孔子，孔子说："那是一位隐士。"第二天孔子派子路回去看看，老人却已不知去向。

孔子在楚国期间，得到了楚昭王的礼遇。起初楚昭王还准备把一处方圆七百里的地方封给孔子，让他做一个有采邑的楚国大夫，但这一设想却遭到了楚国权贵们的反对。这些权贵们之所以不赞成任用孔子，是担心孔子掌权后危及他们的利益。

楚国的令尹子西劝阻道："大王的使臣出使到诸侯各国的，有像子贡这样能言善辩的吗？"昭王说："没有。"子西又问："大王的左右辅佐大臣，有像颜回这样德行出众的吗？"昭王说："没有。"子西又问："大王的将帅，有像子路这样英勇善战的吗？"昭王说："没有。"子西再问："大王的各部主事官员，有像宰予这样干练的吗？"昭王也说"没有。"子西劝阻楚王采用了欲擒故纵的方法。他紧接着说出任用孔子的危险所在："我们楚国的祖先在受周天子分封时，名位只是子爵，土地是跟男爵相等，只有方圆五十里。如今孔丘遵循三皇五帝的遗规，效法周公、召公的德业，大王如果任用他，那么楚国还能世世代代安然保有几千里的国土吗？想当初文王在丰邑，武王在镐京，以百里小国的君主，经营两代就统一了天下．现在孔丘如果拥有了七百里土地，又有那么多贤能的弟子辅佐，对楚国来说并不是什么好事啊！"楚昭王认为子西的话不无道理，于是听从子西的劝说，打消了封地给孔子的念头。

不久，楚昭王去世，新立楚惠王只是赞许孔子之德行，却无聘任之用意，孔子在楚从政的希望又成为了泡影。

一天，楚国》装狂自隐的贤士接舆，唱着歌走过孔子的车前，他唱道：

> 凤凰呀！凤凰呀！（凤兮风兮！）
> 你的品德身价怎么这样低落？（何德之衰？）
> 过去的已经无法挽回补正了呀！（往者不可谏，）
> 可是将来的还可以来得及避而免的。（来者犹可追。）
> 算了吧！算了吧！（已而已而！）
> 现在从政的人都是很危险的啊！（今之从政者殆而！）

孔子听后，很受触动，马上下车想找这位隐士叙谈，而隐士却快步走开了。与隐者的遭遇，使孔子师徒更真切地意识到，他们在南方的楚国也是难行其道的。这时，孔子在卫国做官的弟子带来消息，说卫君出公有意请孔子回卫国，并打算任用他佐理政事。于是，孔子决定结束在南方的游历，重返卫国去。这一年，孔子六十三岁。

重返故乡

孔子在周游列国的路途中遇到过不少隐士，他们都以各种方式劝告孔子洁身自好，不要过于热心政事。孔子虽屡屡碰壁，但他拯救社会的决心，却丝毫未曾改变。

卫国是孔子流亡生涯的最后一站，从鲁哀公七年（公元前488年）到鲁哀公十一年（公元前484年），孔子都在卫国度过。

这时，卫国的国君仍然是卫出公辄，其父蒯聩还在国外流亡。对于卫国国君位置的继承权，卫国内外争执相当激烈，有的支持卫出公辄，认为他是受祖母之命而继承，又是在父亲欲杀母不孝且又叛逃敌国的时候承继君位，名正言顺。有的则认为卫出公将父亲拒之国门之外，是抢夺了父亲的国君君位等。在这样复杂的国内、国际形势下，卫出公邀请在列国享有很高声誉的孔子出仕卫国，无疑是对自己政权的一种有力的声援，无形中也是对于自己执政合法性的一种有力地肯定。而孔子的弟子有不少人在卫国为官，也促使了卫出公作出请孔子主持政务的决定。

鲁哀公七年（公元前488年），孔子又回到了"兄弟之邦"的卫国，又一次得到了卫君的敬重。一如十几年前初适卫时的情形，孔子依然满怀着激情与希望。子路曾问孔子："卫国国君想请您出来执政，您打算首先做什么呢？"孔子回答说："那我一定要先端正名分！"子路有些疑惑，批评老师的主张太迂腐而不切实际。孔子严厉地斥责了子路，解释了理由："名分不正，说出来的话就不顺理；说话不顺理，那么事情就办不成；事情办不成，那么礼乐教化就不能兴隆；礼乐教化不兴隆，那么刑罚就不会恰当；刑罚不恰当，那么老百姓就会手足无措，不知怎么办才好。所以君子定下的名分，一定是可以顺当说出口；说出了的话，一定可以行得通。君子对他说出来的话，要做到没有一点的苟且随便才行。"（"名不正，则言不顺；言不顺，则事不成；事不成，则礼乐不兴；礼乐不兴，则刑罚不中；刑罚不中，则民无所错（同'措'）手足。故君子名之必可言也，言之必可行也。君子于其言，无所苟而已矣。"）孔子的施政纲领都准备好了，其从政愿望之强烈不难窥见。

孔子返卫后欲推行其正名的主张，而卫出公辄与其父蒯聩的君位之争这时并未结束，很显然.卫出公当时是不会委孔子以重任而让他正名的。卫公既像他的祖父卫灵公一样郊迎孔子，宴请孔子，礼待孔子，每年给孔子两千担的俸禄，博得了一个爱贤的美名，又像他的祖父卫灵公一样并不重用孔子，孔子在卫五年，只是做一个宾客，做一个公养之仕。孔子在鲁，是行可之仕，即有希望行道的官；卫灵公时，孔子是际可之仕，即受礼遇的官；如今成了卫出公的公养之仕，即受公养的官。这在别人，也许是最高的愿望了，无具体工作，却享受着并不低的待遇，而孔子却是个有理想、有抱负，想做一番事业的人，仅仅"公养"，是违背他的意愿的。在这种情况下，孔子只好把精力用在教学与治学上，为他几年后返回鲁国，删《诗》《书》，订《礼》《乐》，修《春秋》，搜集了资料，创造了条件，奠定了基础。

这年子贡回鲁从政，其他弟子也相继回鲁出仕，政绩都有可观之处。已年近七十的孔子此时心里作何感想呢？其实，离开家乡达十四年之久的孔子心里又何尝不是时刻思念着家乡呢？十多年的漂泊在外、追逐梦想，却并未换来世人的支持与理解。是啊，孔子的学说太博大太精深，不被世人接受又算什么呢？但现实的残酷不得不让一个漂泊的老人心生哀楚。离开家乡太久了？家乡现在是什么样子了呢？回去吧，回去吧。

当然，鲁国也并没有忘记孔子。

鲁哀公十一年（公元前 484 年）春，齐师伐鲁，归鲁后担任了季氏总管（家宰）的冉求为季氏率领军队，和齐国军队战于城郊，结果打败了齐兵。季康子问冉求："你的军事才能，是学来的呢？还是天生的禀赋呢？"冉求回答说，是从孔子那里学来的。于是，季康子就进一步询问孔子究竟是怎样的一个人，并说："我想召请他回来，可以吗？"冉求答道："如果真想召请我老师回来，就要信任他，不能听小人的阻挠才可以。"季康子遂下定决心，不久便派遣公华、公宾、公林去卫礼聘孔子回国。于是，在异国他乡流离十四年之久的孔子终于回到了家乡。

有两点足以让鲁国当政者季氏对孔子的态度发生变化。首先还是孔子的影响。孔子此前的出走流亡，已经让鲁国"落了个被诸侯耻笑的结局"。这样一个得到世人认可并有着崇高声望的孔子，却要离鲁流亡，长期以来已经对鲁国掌权者季氏形成了不小的压力。请孔子回来，可谓是亡羊补牢，可以立时将这一压力减轻。还有，季氏通过任用孔子的学生如子贡、冉求等，已经获得了成功，收到了重大的效果，这也坚定了季氏召请孔子回家的决心。他的回国，必然会在孔子的众多学生中间产生良好的反应，也会相应增强季氏在鲁国的实际势力，并在舆论上得到莫大的益处。

孔子在各国游历十四年，虽然最终未能实现自己的政治理想，但是这十四年的漫游历程，却使孔子广泛地接触到春秋时代的社会现实，深入地了解了社会各个阶层的实际情况。正是这一点，决定了孔子不是一个脱离实际的空谈者，而是一个有着强烈实践精神的思想者。

退编六经

回到鲁国的孔子，虽被尊为"国老"，然而他终究还是没能在鲁国受到真正的重用。但是，作为德高望重的政治顾问，孔子的政治待遇不仅高于一般的大夫，而且仍可与闻政事，即起着参与议政的作用。孔子不是决策者，也不是政策与决定的执行者，但是却可以对国家的重大问题发表自己的意见，或者受到当权者的咨询。

鲁哀公十一年（公元前484年），孔子归鲁后不久，鲁哀公、执政季康子即以行政大事征询孔子的意见。

鲁哀公问孔子为政的道理，孔子回答说："为政最重要的是选任好的臣子。"季康子也问孔子为政的道理，孔子说："举用正直的人来矫治邪曲的人，这样就能使邪曲的人也变为正直的了。"季康子忧虑国内的盗贼多，孔子告诉他说："如果你自己能够不贪欲，就是给予奖赏，人们也是不去偷窃的。"

鲁同与齐国战事频繁，所需各种费用相当巨大，原来的田产与家财一块计算赋税的"丘赋"已经不能适应现实的需要。在此情况下，季康子决定实行新的"田赋制"，将田产与家财各为一赋。从前每一丘根据其田地和财产，每年出马一匹，牛三头。现将田地与财产分开，各为一赋，所以叫做"田赋"。改成"田赋"之后，每一丘每年要出马二匹，牛六头。其实质就是农民将增加一倍的负担，季氏将增加一倍的收入。

为了检验孔子对于当政者的支持度、顺从度，同时想利用孔子的表态，来

（清）焦秉贞：《孔子圣迹图》

减轻因增加百姓负担而带来的压力，季康子派家臣、也是孔子的学生冉有就田赋问题前去咨询，实际上是要孔子表态。但是冉有三次问询，孔子均不作明确回答，只是说"我不了解情况"。冉有见老师分明有着明确的态度，却以"我不了解情况"来搪塞，有些着急，便说："老师是国老，现在这个事情需要你表态后才实行。为什么老师就是不表态呢？"孔子这才私下对冉有说："君子的行政措施，应该在合于'礼制'的范围之内，施于民的一定要宽厚，国家事情的规模要适中，取于民的一定要少。如果按照这个原则，我国原来实行的'丘赋'也就够用的了。如果不按照礼制去办，而是贪得无厌，即使实行了季氏的田赋，也会入不敷出。"他接着更加严厉地对冉有说："你和季孙若要依法办事，那么有周公现成的法典可以遵守。若要任意而行，那又何必来问我的意见呢？"

尽管了解了孔子的态度，季氏并没有停止实行田赋制的脚步。在鲁哀公十二年的春天，季氏就全面推行了田赋制。气愤的孔子拿季氏毫无办法，但他却对在季氏家中有着相当权力的冉有，进行了严厉的批评。《孟子·离娄上》如实记下了此事："求为季氏宰，无能改于其德，而赋粟倍他日。孔子曰：'非吾徒也！小子鸣鼓而攻之，可也！'"孔子气愤地不承认冉有是他的学生，并号召他的弟子们可以大张旗鼓地批评冉有。

从这一件事情可以清楚地看出晚年的孔子在鲁国政坛所处的地位：他只是一块显示当政者尊贤并以此招贤的牌子，又是一位当政者咨询问题的顾问，他的意见可以听也可以不听，这全以当政者的利益为取舍。孔子终究还是没能在鲁国受到真正的重用，而晚年的孔子亦不再汲汲于追求入仕做官。

不再求仕了的孔子虽然也还关心政治，并经常回答弟子们关于政治方面的问题，但他的主要精力却用在教学和整理"六经"上了。

承载着前人智慧结晶的各种文献因为周朝的衰落而散乱各处、凌乱不堪，但是，这不更是亟须一个人去将它们整理成一个系统而又完整的文化系列，传诸于后世以至于千代万代吗？晚年的孔子承担了这一重任，成为中国以私人名义大规模整理古代文献的第一人。

整理六经是孔子晚年最主要的工作。所谓"六经"，是指《诗》《书》《礼》《易》《乐》《春秋》六部著作。在司马迁《史记》里，还不叫"六经"，只是称之为"六艺"。普遍称之为"六经"，已经是汉武帝"罢黜百家，独尊儒术"以后的事了。春秋时代，《诗》《书》《礼》《易》《乐》《春秋》被称为高级"六艺"，是相对于礼、乐、射、御、书、数低级"六艺"而言，前者为贵族成年后的必修课，后者为贵族小时候的必修课。孔子汇集了当时所能搜集到的各国文献，第一个将"六艺"整理、编辑成系统教材。

《诗》，又称《诗经》，是我国最早的一部诗歌总集，孔子将《诗做了搜集与归类、秩序调整和部分文字校订的工作，删汰了重复的篇章，并按照乐曲的正确音调进行调整，使《诗》的"风""雅""颂"各归其位。《风》，又称《国风》，包括周南、召南、邶、鄘、卫、王、郑、桧、齐、魏、唐、秦、豳、陈、曹十五个国家和地区的乐歌，共160篇。国风是当时各地流行的歌曲，带有地方色彩。《雅》共105篇，分为《大雅》31篇和《小雅》74篇。《雅》多数是朝廷官吏及公卿大夫的作品,有一小部分是民歌。《颂》又分为《周颂》《鲁颂》和《商颂》,是贵族在宗庙祭神祀祖的乐歌,具有史诗的性质,共计40篇。

《书》,又称《尚书》或《书经》,是我国最古的一部史书。名为"尚书",即意指其事久远的上古史书。孔子追迹三代之礼,深感文献的不足,但他还是尽力将搜集到的上古三代的政治类历史文献按时代先后的次序条贯系统地编纂成了《尚书》一书。《尚书》上自尧舜,中历夏商周三代,而下逮于秦缪(穆)公,内容广博宏富。孔子祖述尧舜,宪章文武,心仪周公,他之所以要追迹三代文明史而用力编次《尚书》,显然是为了稽考上古三代圣王之迹,以观政治兴衰成败之道,或借以表达自己的社会政治理想,并对学生施行"疏通知远"的教育。今存世的《尚书》,包括序在内共五十九篇,其中二十九篇可信为真,称为《今文尚书》;余皆后人伪造,被称为《伪古文尚书》。

《礼》,今传世的有"三礼",一是《周礼》,亦称《周官》,乃讲周朝官制之书,与孔子无关;二是《仪礼》,内容包括丧、祭、冠、婚、乡、射、朝、聘等方面的礼仪规定,共十七篇;三是《礼记》,主要是孔子后学阐述礼的意义与作用的文献汇编。周朝王室已经衰微,而周礼的制度教化也废弛了。因此孔子说:"夏代的礼制,我还能讲述个大概来,只是夏的后代杞国已经不足取证了;殷代的礼制,我还能讲述个大概来,也只可惜殷的后代宋国已经不足取证了。要是杞、宋两国保有足够的文献的话,那我就能拿来印证了。"孔子考察了殷、夏以来礼制增损的情形后,说道:"以后就是经过百代,那变革的情形也是可以推知的。因承袭不移的是礼的精神本体,增损改变的是礼的文采仪节。周礼是参照了夏、殷两代而制订的,他的内容文采是那么样的盛美啊!我是遵行周礼的。"孔子是一位礼学大师,《礼记》中所辑录的七十弟子后学对礼的作用和意义的阐发,当有不少是对孔子礼说的转述和发挥。

《易》,即《周易》,又称《易经》,是一本占卜的书。其主要内容是用"—""——"两个符号代表"阳"和"阴",这两个符号连叠三层,组成八卦,八卦互相重叠,再组成六十四卦。《周易》作于殷周之际,一直被用作占筮之书,其实书中寓含着丰富深邃的哲理。孔子在学《易》之前也只是把《周易》看作占筮之书，而且不主张占筮，但他"老而好之"，并惊喜地发现了其中所蕴涵的深刻哲理。孔子略感遗憾地说："假我数年，五十以学《易》，可以无大过矣。"孔子晚年对《周易》爱不释手，读《周易》读得遍数太多了，以至于把拴竹简的绳子都翻断了三次（韦编三绝）。加上他的教学的需要，对《周易》进行阐释当是可能的也是自然的。

《乐》自秦始皇焚书坑儒之后，我们已经无法见到。但是孔子整理《乐》的记载却是保留了下来。司马迁就说："三百五篇（诗），孔子皆弦歌之"，即孔子为诗全部配上了曲调。三百零五首诗篇，孔子皆能弦歌咏唱。孔子自己也说："我从卫国回到鲁国之后，才把诗乐订正了，使雅诗、颂诗都能配入到原来应有的乐部。"（"吾自卫反鲁，然后乐正，《雅》《颂》各得其所。"）孔子对音乐有着罕见的悟性，在乐器演奏上有着很深的造诣，也是他将"乐"提高到了与诗、礼同等的高度——"一个人没有仁爱之心，遵守礼仪有什么用？一个人没有仁爱之心，奏乐有什么用？"（"人而不仁，如礼何？人而不仁，如乐何？"）

《春秋》是我国第一部编年史，起自鲁隐公元年（公元前722年），止于鲁哀公十四年（公元前481年），记载了春秋时代二百四十二年的历史。"六经"之中，唯《春秋》是孔子编撰而成（传统上认为《春秋》是孔子的作品，也有人认为是鲁国史官的集体作品）。孔子作《春秋》的原因，《孟子·滕文公下》有所解释："到了周的末世，世运衰落，王道微弱，邪僻的学说和残暴的行为兴盛起来，臣杀君的人出现，子杀父的人出现。孔子为之忧惧，删定了《春秋》这部书。《春秋》作为记言、记行的史册，本来是天子分内的事情。所以孔子说：'知道我的人全在这部《春秋》了，怪罪我的人也全在这部《春秋》了！'"又说："孔子作成了《春秋》，乱臣贼子就害怕起来。"《春秋》一书的史料价值很高，但不完备，最初原文仅一万八千多字，现存版本则只有一万六千多字。语言极为精练，遣词井然有序。但因文字过于简练，后人不易理解，所以诠释之作相继出现。对书中的记载进行解释和说明的，称之为"传"。其中左丘明《春秋左氏传》、公羊高《春秋公羊传》、谷梁喜《春秋谷梁传》合称《春秋三传》列入儒家经典。

设教讲学，编修六艺，孔子绝不是一个一般意义上的教师、文献学家、历史学家，他是一个声名永久属于未来世界的文化伟人，是一个传承中华文化的伟大圣者！

圣人谢世

在鲁国的最后五年也是孔子的生命逐渐走向衰微的五年。在他归国一年前，他的妻子亓官氏去世。鲁哀公十三年（公元前482年），孔子七十岁时，他的独生子孔鲤死了。次年，他最钟爱的弟子颜回也死了。他悲恸得老泪纵横，连呼："天丧予！天丧予！"又一年，另一个得意门生子路也在卫国宫廷政变中惨死。这对于七十二岁的孔子来说，又是一次沉重的打击。

鲁哀公十四年的春天里，叔孙氏在大野（今山东巨野县北）地方狩猎，叔孙氏的车夫商猎获了一只奇异的野兽。叔孙氏看到了这样一只根本叫不出名来的野兽，认为不吉祥，就把它送给了管理山林的人。博学多识的孔子听说竟然有这样大家都不认识，叫不出名字的怪兽，便前去观看。谁知孔子一见便如相识多年的老朋友一样，连连地反问："你为什么来啊！为什么来啊！这是麟啊！"说罢，掩面大哭。

子贡搀扶着大哭的老师小心而又好奇地询问："老师为什么哭它，还哭得如此伤心？"孔子对子贡说："麟是瑞兽，含仁怀义，只有政治清明社会和平，遇到仁爱的君王它才出现。可是现在是恶人当道的乱世，物欲横流，礼崩乐坏，麟却出来了，它这是生不逢时必遭残害的呀。你不是看见了吗？它的一条腿已经被粗暴地折断了，'出非其时而见害，吾是以伤焉！'"说罢，又是痛哭失声。

子贡最了解老师。他清楚老师哭麟也是在哭自己，哭与自己有着一样命运的知识分子，老师是在为天下众生而悲伤，是在为无力挽救的世道而难过。

孔子所编的《春秋》，到了鲁哀公"十有四年，春，西狩获麟"便戛然而止。

孔子很感慨地说:"没有人能了解我了!"子贡说:"怎么没有人能了解老师呢?"孔子说:"我不抱怨天,也不怪罪人;只顾从切近的人事上学起,再日求精进而上达天理,能知道我的,只有上天了吧!"

接连一串的打击,让孔子重病卧床不起。子贡前来谒见,孔子正拄着手杖在门口漫步排遣,一见子贡就说:"赐啊!你怎么来得这么迟呢?"孔子随即叹了一声,口里唱道:"泰山就这样崩坏了吗?梁柱就这样摧折了吗?哲人就这样凋谢了吗?"唱完不禁淌了眼泪。稍后对子贡说:"天下失去常道已经很久了,世人都不能遵循我的思想。夏人死了停棺在东阶,周人停棺在西阶,殷人则停在两柱之间。昨天夜里我梦见自己坐定在两柱之间,我的祖先就是殷人啊!"

七天之后,孔子逝世,享年七十三岁。这一年是鲁哀公十六年(公元前479年)四月的己丑日。

鲁哀公对他悼辞说:"老天爷不仁慈,不肯留下这一位老人,使他抛开了我,害我孤零零的在位,我是既忧思又伤痛。唉,真伤心啊!尼父,我今后向谁请教啊!""尼父",这是对孔子最早的尊称。事后子贡批评道:"鲁公难道要不能终老于鲁国吗?老师的话说:'礼法丧失了就会昏乱,名分丧失了就有过愆。一个人丧失志气便是昏乱,失去所宜就是过愆。'人活着时不能用他,死了才来悼念他,这是不合礼的。诸侯自称'余一人',是不合名分的。"

孔子的丧葬仪式由公西华主管。孔子口中含粗米和三块玉,配套的衣服十一套,外加一件朝服,戴一顶礼帽,佩带象牙环,直径五寸.垂着青白色丝带。内棺是桐木的,四寸厚,柏木的外棺五寸厚。棺上盖有画布,棺旁设置羽制的大掌扇。送葬人分列棺木两边,是依周代的礼节;旌旗上有崇牙装饰,是依殷代的礼节;幡旗镶白绸子牙边,是依夏代的礼节。三王的礼节都采用了,这是用以表示对老师的尊敬,而且具备了古礼。

孔子死后葬在鲁城北面的泗水边上。弟子们都在心里为老师服丧三年,三年的心丧服完,大家在道别离去时,都相对而哭,每人还是很哀痛,有的就又留下来。子贡甚至在墓旁搭了房子住下,守墓一共守了六年才离开。孔子弟子以及鲁国的其他人,相率到墓旁定居的有一百多家,因而那个地方叫做了"孔里"。

子贡守墓处

鲁国世代相传每年都定时到孔子墓前祭拜，而儒者们讲习礼仪，乡学结业考校的饮酒礼，以及鲁君祭祀时的比射仪式，也都在孔子墓场举行。孔子的墓地有一顷大。孔子故居的堂屋以及弟子所住的房室，后来就地改成庙，收藏了孔子生前的衣服、冠帽、琴、车子、书籍，直到汉朝，二百多年来都没有废弃。高皇帝刘邦路过鲁地，用了太牢（牛羊猪三牲俱备）之礼祭拜孔子。诸侯卿相一到任，常是先到庙里祭拜之后才正式就职视事。

约三百年后，著名历史学家司马迁在《史记·孔子世家》中写道："《诗》中有这样的话：'像高山一样令人瞻仰，像大道一样让人遵循。'虽然我不能达到这种境地，但是心里却向往着他。（《诗》有之：'高山仰止，景行行止。'虽不能至，然心向往之。"）我读孔子的著作，可以想见到他的为人。到了鲁地，参观了孔子的庙堂、车辆、服饰、礼器，目睹了读书的学生们按时到孔子旧宅中演习礼仪的情景。我怀着崇敬的心情徘徊留恋不愿离去。自古以来，天下的君王贤人也够多的了，当活着的时候都显贵荣耀，可是一死什么也就没有了。孔子是一个平民，他的名声和学说已经传了十几代，读书的人仍然尊崇他为宗师。从天子王侯一直到全国谈六艺的人，都把孔子的学说作为判断衡量的最高

孔子墓碑上书：大成至圣文宣王之墓

准则，可以说孔子是至高无上的圣人了！司马迁的这段话恰如其分地评价了孔子在中国文化史上的地位和影响。

此后的历代封建帝王们也陆续给了孔子很多的封号。主要有：

汉平帝元始元年（公元1年）：褒成宣尼公

北魏孝文帝太和十六年（492 年）：文圣尼父

隋文帝开皇元年（581 年）：先师尼父

唐太宗贞观二年（628 年）：先圣

唐太宗贞观十一年（637 年）：宣父

唐高宗乾封元年（666 年）：太师

武则天天授元年（690 年）：隆道公

唐玄宗开元二十七年（739 年）：文宣王

宋真宗大中祥符元年（1008 年）：玄圣文宣王

宋真宗大中祥符五年（1012 年）：至圣文宣王

元成宗大德十一年（1307 年）：大成至圣文宣王

明世宗嘉靖八年（1529 年）：至圣先师

清世祖顺治二年（1645 年）：大成至圣文宣先师

第二章　孔子礼学思想

中国是一个礼仪之邦，这已是全世界的共识。

孔子思想常被另一个名词代替，即礼教。礼教一词，充分证明了礼在孔子学说中的重要地位。作为礼仪之邦、礼教之国，中国的礼在功能上远远超过西方的礼节，因而，它的受重视程度也非同寻常。就功能而言，中国之礼，常常具有法的功能。这就是说，西方人失礼可能仅仅会被人讨厌，而中国人失礼则可能造成犯法的后果。就受重视程度而言，礼在中国，常常和国家前途联系在一起。礼的存在，意味着权力的稳固；礼的崩坏，意味着权力的颠覆。

孔子，恰恰处于一个礼崩乐坏的时代；孔子，其一生追求的正是恢复周礼。

礼，履也

礼字的演变大致经历了三个阶段。《说文》云："礼，履也，所以祀神致福也。从示、从豊，豊亦声。"但是，这个"礼"字是"所以祀神致福"之器呢，还是"所以祀神致福"之仪呢？许氏语焉不详。不过，《说文》解"豊"字云："行礼之器也。从豆，象形。"看来，礼字的最初含义是"所以祀神致福"之器。

祭祀总有一定的仪式，祭祀之器总应有祭祀之仪相配合，因而后来祭祀的仪式称为礼。这便是礼字演变的第二阶段。

根据徐复观先生的考察，"周公所制之周礼，其内容非仅指祭祀的仪节，实包括有政治制度，及一般行为原则而言"。这是礼字演变的第三个阶段。

那么，礼具有什么性质呢？

正如礼的演化过程，礼首先具有宗教性。也就是说，在中国，礼具有一种宗教性质，即所谓礼教。这是中国之礼与西方之礼的最大区别。

其次，是它的艺术性。在进行宗教仪式时，必须伴随一系列人的行为举止，如撞钟击鼓、演奏舞乐，以表示人对神的恭敬。因此，庄严优雅成为对这种行为举止的基本要求。在这个意义上，日本学者今道友信把礼理解成"举止文雅的艺术"颇有一定的道理。而在中国，自古以来礼乐并提，我们也可以感受到礼本身的艺术性质。

宗教性和艺术性是礼的重要性质，但并未完全概括礼。当社会出现了阶级之后，礼在单纯的宗教仪式之外又增加了政治制度的功能。夏礼、商礼、周礼，也就是夏、商、周的政治制度。孔子说："夏礼，吾能言之……殷礼，吾能言之。"可见，孔子对夏商之礼是了解的。但同时孔子对礼的了解不是机械的，他对礼的历史发展也颇有把握力。他说：殷因于夏礼，所损益，可知也；周因于殷礼，所损益，可知也。其或继周者，虽百世，可知也。显然，孔子对三代之礼进行了相当深入的研究，他承认礼随历史发展而变化，并掌握了其中的变化发展规律。通过比较鉴别，他得出结论："郁郁乎文哉，吾从周。"在他看来，周礼是最完善的礼。孔子是把夏礼、商礼、周礼三者客观平等对待，经过比较鉴别，选择了他认为最完善的周礼。当然，这里的"最完善"仍然是相对而言，孔子深知历史的发展必然导致周礼的变革。

西周以来，是礼学大盛的时代。这首先要归功于周公。《尚书大传·康诰》说："周公居摄三年，制礼作乐。"周礼主要是由周公制订的。周礼是在借鉴了夏、殷之礼基础上建立起来的辉煌大厦。根据文献记载，周礼具有严密的内在逻辑和完整的系统，其繁多的礼目分别起着不同的作用。周礼形成以后，随着人文思潮波澜壮阔的发展，礼的观念日益深入人心，礼在人们的日常生活中起着越来越重要的作用。

礼，作为一种人文主义和时代精神，不可能不给未来的哲学家以深刻的启迪。

倾心周礼

礼学是孔子学说的一个重要组成部分。不管在个人修养方面还是在社会政治功能方面,礼都是极其重要的。就个人修养而言,"不学礼,无以立"。礼为处世之根本;就社会功能而言,礼是治理国家的根本大法。

尽管周礼如此美好,但自春秋以来,它却遭到了严重的破坏。诸侯对懦弱无力的周天子的不敬,以及诸侯国中权臣的越位乃至于权力争斗引发的权臣杀君等等,都让孔子忍无可忍。鲁国是诸侯中周礼基础最好的国家,此时也已难免违礼之事的频频发生。例如,按周礼,贵族娱乐时的舞列(佾)有等级规定:天子八佾、诸侯六佾、大夫四佾、士二佾。鲁国大夫季孙氏,却"八佾舞于庭",严重违反了周礼,所以孔子表示愤慨:"是可忍也,孰不可忍也!"意思是说,季孙氏连僭用天子之乐的事情都能忍心去做,那么他还有什么违礼之事不忍心去做呢?

鲁国还发生一件严重违礼的事情,也引起了孔子的严重不安:孟孙氏、叔孙氏、季孙氏三个家族,祭祀祖先完毕之后,用天子的礼节唱着《雍》诗撤去祭品。孔子评论道:唱着"助祭的诸侯,庄严肃穆的天子"的诗句撤去祭品,这样的仪式,怎么可以用在三位大夫的家庙里呢?("'相维辟公,天子穆穆',奚取于三家之堂?")

以上两件违礼之事,仅仅是鲁国大夫所为。违礼的严重性,更及于鲁君。按周礼,不娶同姓,鲁、吴两国贵族都姓姬,但鲁昭公却娶吴女为妻。孔子游学陈国时,陈国的司寇问孔子,昭公是否知礼?孔子答:"知礼。"孔子走后,陈司寇问孔子的学生巫马期:"孔子这样的君子,居然也帮助别人隐匿错误。如果娶同姓的人也算懂礼,那么天下还有谁不懂礼?"("吾闻君子不党,君子亦党乎?君取于吴为同姓,谓之吴孟子。君而知礼,孰不知礼?")其实,孔子也知道昭公娶吴女是一件违礼之事,然而昭公乃鲁国君主,孔子按周礼是不能言自己君主之过的,他只能回答"知礼"。所以,当孔子知道陈司寇背后批评他的话时，当即表示"丘也幸，苟有过，人必知之"。

而发生在鲁国以外的违礼之事，还要普遍、严重得多。作为政治制度的礼，维持着社会的秩序；礼乐崩坏，表明社会处于无序的状态。孔子伤感地说："天下有道，则礼乐征伐自天子出；天下无道，则礼乐征伐自诸侯出。自诸侯出，盖十世希不失矣；自大夫出，五世希不失矣；陪臣执国命，三世希不失矣。天下有道，则政不在大夫。天下有道，则庶人不议。"孔子希望社会结束无序，回归有序。

用什么来恢复并维持社会秩序呢？孔子经过对三代之礼的研究，选择了周礼。周礼，传说为周公所为，所谓"周公制礼作乐"。王国维认为周礼不同于商礼有三：一是立子立嫡之制，也就是嫡长子继承制，继承君位者必须是第一任夫人的长子；二是庙数之制，即等级不同的神有形式不同的祭祀仪式；三是同姓不婚之制，以确保家族血缘的纯洁，利于人种的优良。当然，这三条并不代表周礼的全部内容，而只是周代政治制度的几个基本原则。周礼最重要的功能，就是通过各种不同的礼仪形式，规定每个人在社会结构中的具体位置。假如每个人都遵循周礼，只扮演社会给他派定的角色，所谓"不在其位，不谋其政"，那么，社会秩序就有了保证，即所谓有序。而一旦人们不遵循周礼，超越了他应该扮演的角色，那就是越轨。在上位者不守礼，可以称之为"为上不尊"；在下位者不守礼，可以称之为"犯上作乱"。

孔子特别推崇周礼。在《论语》中，孔子屡屡称赞周文化："周监于二代，郁郁乎文哉！吾从周。""周之德，其可谓至德也已矣。"对于周礼的制订者周公，孔子更是无比佩服，连做梦也想着他："甚矣吾衰也！久矣吾不复梦见周公！"

孔子的"吾从周"已经表达出了他试图恢复周礼的愿望。在《论语·颜回》篇中，孔子更明确提出要"克己复礼"。他要恢复的这个"礼"，就是周礼。

孔子一直希望有人能重用他，以便使他能够推行周礼。但他在父母国鲁国碰壁了，在他所周游的列国也碰壁了。对此，孔子百思不得其解。在他看来，要挽救社会，非周礼不可。孔子是这样急切地要恢复周礼，有时达到了饥不择

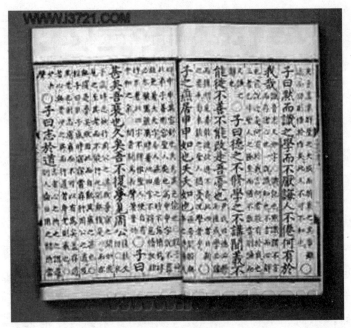

《论语》书影

食的程度，甚至谋反的公山弗扰召他去，他都准备去。其理由是："夫召我者，而岂徒哉？如有用我者，吾其为东周乎！"

孔子所维护的礼包含两个重要的原则。第一是"尊尊"，就是在区分人的等级的基础上，保持位卑者对位尊者的尊崇和服从。尊尊首先是要尊君。他主张"事君尽礼""事君，能致其身"，就是说要按礼的法则来侍奉君主，并能为之献身。第二是"亲亲"，也就是对亲族的爱，如父慈子孝兄友弟恭等。其中孔子更加强调的是子对父母的孝顺和弟对兄的恭顺，主张"弟子入则孝，出则弟""事父母能竭其力"。因而"父为子隐，子为父隐，直在其中矣"，即父子互为对方向外人隐瞒过错也可以说是正直，就是因为它符合"亲亲"的原则。尊尊体现的是等级制的原则，而亲亲体现的则是宗法制的原则。为了维护这样的原则，孔子又提出了"正名"的主张，是用一个人的名分所规定的义务去要求他，使其言行与名分相符。他认为"名不正则言不顺，言不顺则事不成，事不成则礼乐不兴，礼乐不兴则刑罚不中，刑罚不中则民无所措手足"。而他所说的"君君，臣臣，父父，子子"，是要求以君臣父子之名，正君臣父子之实。

克己复礼

孔子一举一动都讲究礼，很注重礼的形式，就像他对颜渊讲的那样："非礼勿视，非礼勿听，非礼勿言，非礼勿动"，在视、听、言、动等四个方面遵守礼的规范。

据孔子弟子们的记载，孔子大至上庙堂、入公门，小至穿衣、饮食，处处注重礼的规范。"入公门，鞠躬如也，如不容。立不中门，行不履阈。过往，色勃如也，足躩如也，其言似不足者。摄齐升堂，鞠躬如也。"这一节文字，还仅仅是关于孔子在朝堂之上的守礼形状。日常饮食方面的回归周礼之举，也十分繁琐，如："不时，不食""割不正，不食"。未到时令的果实，不吃。肉割得不方正，也不吃。从坐一张板凳、吃一块肉、挟一筷菜都要讲究礼。看来，孔子讲"饭疏食饮水，曲肱而枕之，乐亦在其中"，若当真循礼而食、循礼而眠，也不是一件简单平常的事情。

"伯牛有疾，子问之，自牖执其手，曰：'亡之，命矣夫！斯人也而有斯疾也！斯人也而有斯疾也。'"伯牛是孔子的得意弟子，病危之际，孔子前往看视。按周礼，病人之床置北窗下，若有君王来看视，当移至南窗下，使君王得以南面视己。伯牛家人礼尊孔子，也将伯牛移居南窗下。孔子认为自己不当受此重礼，所以未进入伯牛之室，而是站在南窗外，伸臂入内，与爱徒握手永诀。孔子此举，不仅是谦礼，也是以身作则，给弟子们做榜样。

颜回是孔子最得意的弟子，将孔子当作父亲一样看待，孔子也将颜回当作儿子一样看待。颜回英年早逝，孔子极度悲痛，连呼"天丧予！天丧予！"还说："非夫人之为恸而谁为！"但是，涉及丧礼，孔子绝不徇情。颜回的父亲颜路请求孔子卖掉车子给颜回买个外椁，孔子说："才不才，亦各言其子也。鲤也死，有棺而无椁。吾不徒行以为之椁，以吾从大夫之后，不可徒行也。"孔子的儿子孔鲤死的时候，孔子没有卖掉车子买个外椁，原因是孔子曾做过鲁国的大夫，按照周礼，大夫出行，必须乘车，不能徒步。颜回虽然很有才华，也不能破这个礼。

孔子如此坚持礼的原则，如此拘于琐碎小节，他是不是太迂腐、太生搬硬套呢？从另一些史料记载来看，孔子的回归周礼，其实也有因时制宜、通达权变的一面。《论语·子罕》篇记载了孔子这样一段话："麻冕，礼也；今也纯，俭。吾从众。拜下，礼也；今拜乎上，泰也。虽违众，吾从下。"礼帽用麻料制作，这是合乎礼法的；现在大家都用丝线制作，这样更省俭一些。孔子赞成大家的做法。臣与君行礼，先在堂下磕头，升堂之后再磕头，这是合乎礼法的；现在大家直接到堂上磕头，这是骄慢的表现。虽然违反大家的做法，孔子还是赞成原来先在堂下磕头、上堂再磕头的礼法。这是一组对比的例子，反映了孔子关于礼的权变，比较注重实际，既不僵死守礼，也不盲目从众。

在孔子的心目中，有着两种社会状态，一种是理想的大同世界，一种是现实的小康社会。大同世界，是天下为公；小康社会，则是天下为家，即天下为私。天下为家就会有祸乱产生，这就需要一种"礼"来规范大家的行为，使其合理有序，以保持小康社会健康稳定地发展。

孔子发出这样的议论，是在一次孔子参加年终蜡祭并充任饮酒宾客的时候。祭礼完毕，宾客都出来到门阙的楼观上游览。游览间，沉思的孔子发出了深长的叹息。听了孔子的叹息，站在孔子身旁的言偃禁不住问他："你常说'君子坦荡荡，小人长戚戚'，君子又为什么这样叹气呢？"听了言偃的问题，走出缅怀的孔子，若有所思地说开了。

他先向言偃描绘了那理想社会的大同世界："大道通行于天下的时代以及夏商周三代的英杰人物，我都没能赶上，所能知道的，只是一些记载罢了。在政治上最高理想施行的时候，天下是人们所共有的，把有贤德、有才能的人选出来做领袖，（人人）讲求诚信，崇尚和睦。因此人们不单奉养自己的父母，不只是抚育自己的子女，而是要使老年人能终其天年，壮年之人能贡献自己的才力，年幼的人可以得到抚育而健康成长，中年人能为社会效力，幼童能顺利地成长，使老而无妻的人、老而无夫的人、幼年丧父的孩子、老而无子的人、残疾人都能得到供养。男人都能尽力于自己的职分，女人都能适时地婚嫁。（人们）憎恶财货被抛弃在地上糟蹋的现象，但也不能藏起来据为己有；（也）憎恶那种在共同劳动中不肯尽力的行为，总要不为私利而劳动。这样一来，就不会有盗窃、造反和害人的事情发生，（家家户户）都不用关大门了，这就叫做大同世界。"（"大道之行也，天下为公，选贤与能，讲信修睦。故人不独亲其亲，不独子其子，使老有所终，壮有所用，幼有所长，矜、寡、孤、独、废疾者皆有所养，男有分，女有归。货恶其弃于地也，不必藏于己；力恶其不出于身也，不必为己。是故谋闭而不兴，盗窃乱贼而不作，故外户而不闭，是谓大同。"）

但是毕竟大同世界都没能亲眼看到，我们必须要面对现实，当务之急当然是根据现实而去追求一种小康社会。孔子对于小康社会是这样概括的："如今大道隐没不行了，天下成为了一家一姓的天下，各自亲近自己的亲人，各自抚养自己的子女，食物物资归自己所有。君主把世袭当做礼，把城郭沟池搞得更坚固，把礼义当做纲纪，用来端正君臣名分，加深父子关系、使兄弟亲睦、使夫妻和睦、建立制度、划分田里、尊重勇力才智，并用来为自己建立功绩。因此，图谋从此产生，战争也从此兴起，夏禹、商汤、文王、武王、成王、周公，就是用这种礼义治理天下的英才人物。这六位君子没有一个人不谨慎地实行礼制的，都用它来彰明道义，考验诚信，明察过错，效法仁爱谦让，昭示民众，治国有常法。如果不按照礼义去做的，执政的人就要被斥逐，民众也会将他视为祸殃。这就叫小康社会。（"今大道既隐，天下为家，各亲其亲，各子其子，货力为己，大人世及以为礼。城郭沟池以为固，礼义以为纪；以正君臣，以笃父子，以睦兄弟，以和夫妇，以设制度，以立田里，以贤勇知，以功为己。故谋用是作，而兵由此起。禹汤文武成王周公，由此其选也。此六君子者，未有不谨于礼者也。以著其义，以考其信，著有过，刑仁讲让，示民有常。如有不由此者，在执者去，众以为殃，是谓小康。"）

此外，孔子还将礼视为天下兴亡的关键所在："礼，是先代君王秉承天道用来治理人的行为，所以失去礼的就将死，遵循礼的就可以生存。"（"失之者死，得之者生。"）他还在《礼记·哀公问》中，具体表达了礼的功能，"丘闻之，民之所由生，礼为大。非礼，无以节事天地之神；非礼，无以辨君臣上下长幼之位也；非礼，无以别男女父子兄弟之亲，婚姻疏数之交也"。这无疑是在说礼是社会政治生活中最为重要的东西，有它才可以敬祭天神地，有它就能把人分为君臣上下有序的等级，还能明确地分别家族和亲戚的远近亲疏。

在孔子看来，能否回归周礼的关键，是能否克服人的私欲，因此孔子提出了"克己复礼"的主张。"克己复礼为仁。一日克己复礼，天下归仁焉"。这里的"克己复礼"，是对人与人的相处以及扩而大之到整个社会，所要进行的利益调整，只有"克己"才能"为己"。但是，这个"克己"，当然不是消极的被动的，这个"克"，也不是克服什么不合礼的邪恶。"克己"应当如傅佩荣先生所说，能够自己做主去实践礼的要求，并积极主动地"视听言动"，实践礼的要求。在孔子思想的核心处，"人"是占着中心的、主动的位置的。在孔子说过"一日克己复礼，天下归仁焉"之后，紧接着不是还有着这样的话吗——"为仁由己，而由人乎哉?""克己""由己"，都是人自己在发挥着主观能动性。

我们不妨从孔子对待"酒"的态度上去体察这个"为仁由己"。在《论语·乡党》篇中，有几处提到了酒。比如，"唯酒无量，不及乱"。这是说孔子有着大的酒量，不是一般的量，而是"无量"。但是他却从来都合于礼，"不及乱"，不醉酒，不酗酒。在《子罕》篇中，孔子自述道:"出则事公卿，入则事父兄，丧事不敢不勉，不为酒困，何有于我哉?"这里孔子说了自己的四种情况，但是这四种情况又是相互关联着。第一件事，"出则事公卿"，孔子是做过大官的，上朝事公卿，这表示他虽然干过这种为官的事，但也没有什么了不起，兢兢业业罢了。接着是第二件，"入则事父兄"，这个很重要。虽然孔子事过公卿，照样回到家来孝顺父母，尊敬兄姊，爱护弟妹。第三件事是关于朋友间的事，有了喜事丧事，尤其是丧事，一定要帮忙，而且要勉力去帮助。需要钱财上的周济不要吝啬，这个时候要出手慷慨；钱财上不能帮也不要紧，那就帮助忙活照料，再小心地给以慰问，让朋友觉得不孤单、有依靠、不绝望。紧接着的第四件事"不为酒困"，好像有点突兀。其实不然，因为在外干事，在家家居与交朋友，常常无法回避喝酒，这就要有酒德了，要"不为酒困"，不能沉湎其中。

不仅如此，孔子还"为仁由己"，将酒喝出了孝与礼。子夏问孝。子曰："色难。有事，弟子服其劳；有酒食，先生馔，曾是以为孝乎？"有事情，作为晚辈，应当主动承担；但是有了好酒好饭，却要"先生馔"，要让长辈先喝先吃。但是，这样就是孝了吗？还不是，如果不是"为仁由己"，心悦诚服地去做，而是拉长着脸，甚至耍着态度，虽然将好酒好饭给了长辈，长辈心间也不会舒服。所以孔子说"色难"，那就是在做这些事情的时候，要有愉快的心情与和颜悦色，这是孝。"乡人饮酒，杖者出，斯出矣。"这是说与家乡的人一块喝酒。喝完酒后，要等到老年人都出去了，自己这才出去。不光是等，还要主动的搀扶相送。古时有"三序"，在朝廷上以爵位为序，在文化事务及有关的典礼上，要以德行为序，而在家中或乡里，则要按年龄辈分为序。虽然做过大司寇、鲁国上卿，孔子仍然要"乡人饮酒，杖者出，斯出矣"，这是礼。

可见，孔子认为：礼无处不在，大至国家庙堂之上，小及家庭琐事、饮食男女。

鲁国人林放曾经问他"礼的本质"，孔子说："问得太重要了！礼，与其铺张奢侈，不如俭朴。拿丧礼来说，与其轻松周备，不如发自心底真正地哀伤。"（"大哉问！礼，与其奢也，宁俭；丧，与其易也，宁戚。"）在这里，孔子首先肯定林放所问的问题，是关于礼乐的一个重大问题。孔子的答案，虽然平易，却接近礼乐的本质。

这种散发着人性光辉的论点，在孔子的"礼"的思想中，随处可见。

孔子的学生中，子路家庭贫穷，但他十分孝顺。也许是看到受穷作难的父母没能过上一天好日子吧，子路想起这些就会特别地悲伤。有一天，直爽的子路向老师倾诉胸中的感伤，他说亲人在世时没有钱让父母过上好日子，亲人死了，又没有钱为他们热热闹闹地举行隆重的丧礼，实在让人难过。见到学生的悲伤，孔子怎会无动于衷呢？虽然不能从钱财上帮助他，却可以将道理讲出来，安慰学生，又能让学生懂得礼的精神。孔子温和地对子路说，亲人在世时，就算是吃稀粥喝清水，只要能使亲人欢乐愉快，这就是孝了。至于亲人死时及死后，能用衣被遮住头脚身体，装殓后埋葬不用棺材，与自己家的财力相称，这也就是知礼。("啜菽，饮水，尽其欢，斯之谓孝。敛手、足、形，还葬而无椁，称其财，斯之谓礼。")

在孔子礼乐思想里，重人事、重现实而远鬼神的部分，同样闪耀着人性的光彩。春秋时代，尤其是孔子崇尚的西周时代，科学还处于萌芽状态，鬼神天地，在相当大的程度上左右着人们的精神与行为。尤其作为礼乐主体部分之一的祭祀，是政治乃至于治理国家的最为重大的事情，有时甚至看得比战争还要重大，"国之大事，在祀与戎"。在这样大的背景之下，孔子却敢于在离鬼神最近的礼乐之中，酿进以人为本、以现世为重的因素，不仅是他整个哲学思想中以"仁"为核心的"一以贯之"，也有着他独到的智慧与胆识。

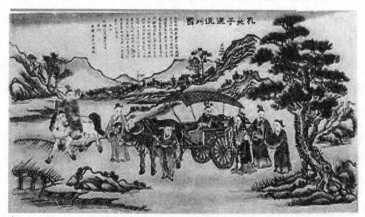

孔子周游列国图

樊迟问知。子曰："务民之义，敬鬼神而远之，可谓知矣。"

虽然要怀着一种敬意祀奉鬼神，但毕竟那是已经过去久远的事情了，而且又生死相隔，所以，最为重要的，还是要专心致志地为百姓办好一件件具体的事情。孔子说，如果做到这些，那就是有智慧的聪明人了。只要把着力点放在当下现世，"人"的作用也就会实际地突显出来。个人遇到任何挫折坎坷，也就不会怨天尤人，而是会奋然而起，劈荆斩棘。至于国家的事情，特别在一些重大的考验面前，领导与人民，尤其是领导，更应负起应有的责任，不文过、不饰非，不愚民、不专制，俯下身子，勤勤恳恳。

子路问事鬼神。子曰："未能事人，焉能事鬼？"曰："敢问死。"曰："未知生，焉知死？"

这是针对子路的回答。今天我们读之再读，就会感叹孔子的先见之明，并为孔子爱护弟子的殷殷之情所感动。子路重行动且又敢行动的性格，在那样"礼崩乐坏"争斗不已的时代，老师对于他的生命是存在着担忧的，所以才会提醒他，让他警惕，以保平安。对于子路"怎样服事鬼神"的提问，老师说，"鬼神"与"死"都是虚幻难以预知的事情，对现实人生的为人做事的问题尚且难得圆满，何必为虚幻的鬼神徒耗心神呢？还是先注重当下的事情吧，没有服侍好活人，怎么可能有办法去服侍鬼神呢？至于死，还是先把生的道理弄明白了，再去问死吧，没弄明白生的道理，怎么能够懂得死呢？还是先从现实的人生中去求其圆满与充实吧！

宰我问："三年之丧，期已久矣。君子三年不为礼，礼必坏；三年不为乐，乐必崩。旧谷既没，新谷既升，钻燧改火，期可已矣。"子曰："食夫稻，衣夫锦，于女安乎？"曰："安。""女安，则为之！夫君子之居丧，食旨不甘，闻乐不乐，居处不安，故不为也。今女安，则为之！"宰我出。子曰："予之不仁也！子生三年，然后免于父母之怀。夫三年之丧，天下通丧也，予也有三年之爱于父母乎！"（《论语·阳货》）

这个宰我，是孔子的高足之一，也是被孔子多次批评过的。知名度最大的批评有两次，一次是因为他白天睡觉，被孔子批评为"朽木不可雕也"。这次因为三年之丧，更被孔子批评为"予之不仁也"。

这次批评不仅严厉，还激起了孔子很大的火气，以至于我们今天还可以感到孔子当时脸红脖子粗的愤愤不平的神态。宰我感到父母去世子女居丧三年太久了，并建议改三年丧期为一年（古代的三年是指二十五个或二十七个月）。他的理由不能说没有道理：君子三年不能举行礼仪活动，礼仪就会荒废，三年不演奏音乐，音乐也就会失传。旧谷吃完了，新谷就得登场了；打火用的燧木也已经过了一个轮回（春用榆柳，夏取枣杏，秋为柞，冬是槐檀），一年也就可以了。孔子一听就有点来气，紧接着追问宰我："父母去世不到三年，你便吃白米饭，穿锦缎衣，能心安吗？"想不到宰我老老实实答了一个"安"，这下孔子可是动了真气了，脸色也难看起来，抢白道："你安心你就去做吧！君子在守丧时，吃美味也不辨滋味，听音乐也不感到快乐，住在家里也不觉得舒服，因为心里不安才不这样做。如今你既然心安，那你就去按照自己的想法做吧！"宰我看到老师生了这么大的气，也就退了出来。但是孔子似乎意犹未尽，弟子走了还在表示着自己的不满："宰我真是不仁呀！儿女生下地来，三年之后才能完全脱离开父母的怀抱。替父母守丧三年，天下从来就是如此。难道宰我就没有从父母那里得到三年怀抱的爱护吗？"

在《论语·里仁》篇中，孔子还有过类似的话："父母之年，不可不知也。一则以喜，一则以惧"。就是在讲做儿女的怎样回报为自己操碎了心的父母，要把父母的生日牢牢地记在心上，一方面为他们的长寿而高兴，一方面又为他们的年迈而担忧，从而更加无微不至地孝顺他们。

被南怀瑾先生称为"调皮文人"的金圣叹，就曾经给自己的儿子写过一封"调皮"的信。大意是说，我和你是朋友，最初你也没有指定非要我来做你的父亲，我也没有指定非要你来做我的儿子，我们是撞大运一样碰巧撞来的，既然是撞，谁也不欠谁的，彼此之间，也就没有什么深的交情可言。但是话又说回来，我这个老头子和你妈这个老嬷子，从替你擦屎擦尿开始，照顾了你二十年。就以这二十年来论，你到大街上找找看，看看还能不能找到一个比我们这两个老家伙更好的朋友？我们现在不要求你孝，只要求你用这两个老家伙照顾你二十年的感情，也同样照顾我们这两个老家伙二十年。

金圣叹实际上是在重复孔子的意思。孔子在这里既是讲礼，更是在讲一种人间之爱，而且是一种大爱至爱。从父母的角度，在无我地疼爱着自己孩子的时候，他们从来就不曾想过报答。这是人间一种最崇高的牺牲。我们先不论宰我的一年丧制与孔子的三年丧制谁的更合理。我们需要用心去体会令孔子激动的那个情怀，和情怀中盛着的那份敬、那份爱。在《为政》篇，孔子专门讲到"孝"中的这个"敬"字。他说："今之孝者，是谓能养。至于犬马，皆能有养。不敬，何以别乎？"孔子真是会观察能譬喻，他在向为人子女的发问：如果单单着眼于物质丰厚的供养，而对于父母的行为态度不能在诚敬上讲求，这和犬马被主人豢养也能回报主人的行为，还有什么差别吗？

　　从孔子的言语之中，我们可以看出，孔子礼中的仁爱，是一种大君子之仁，也就是一种发根于现实基础之上的大仁大爱。

　　这也许就是打开孔子"礼"思想的钥匙——人类的情感，人类之爱，也就是那个随处可见的仁。

第三章 孔子仁政思想

孔子一生都在探索礼的形式、礼的内涵以及为什么要行礼这些问题。在探求这些问题的时候，孔子有发现、有发挥、有创造。然而，与礼相比，仁却是孔子的独创，是孔子在探索礼的时候的独创。

孔子把仁发展充实成为贯穿着他整个思想体系的总纲领，并在中国历史上第一次将仁完善成为一种人本哲学。《尚书》里只有一次提到"仁"，《诗经》提到两次，《国语》二十四次，《左传》三十三次，而一部《论语》，竟然四百九十九段，有五十八段讨论仁的问题，一百零九次提到仁，并从各种角度对仁进行阐释。孔子体现人本哲学的仁，对内就是修身以达到精神与道德的最高境界的"君子"；体现在政治上就是博施济众的仁政，就是以周礼为其外在表现形式；体现在教育上，就是有教无类，就是一系列符合人性的教育思想与教育方法，就是促使人的全面发展；而作为实现仁的思想方法，则是以"敬"为标志的中庸，即矛盾统一相生下的执中、中正、中和，"执其两端，用其中于民""允执其中"提倡"和而不同"，即保持对立面的和谐和共存而不是硬性消除对立面之间的差异，反对"过犹不及"等。就是因为在孔子庞大思想体系之中有"仁"提纲挈领，而这个仁又是以人为本，所以他才"不语怪力乱神"，也让儒家学说处于主流文化的地位，从而使他的仁学精神，由原始的道德观念上升为具有实践意义和人文精神的哲学范畴。仁不但是孔子思想的核心内容，也是孔子对一切人及其所处理的社会关系的最高要求，是孔子衡量和评价一切人及其所处理的社会关系优劣正误的终极标准。统治阶层治理国家，虽然事体宏大而错综复杂，但归根结底也是对政权与民众之间以及民众相互之间各种社会关系的规制和处理，所以，仁也应该是统治阶层治理国家的情感基础和思想基础，应该是治国最根本的方针。

"仁" 之源——孝弟

仁的思想，在孔子的思想体系中居于核心地位，直接决定了孔子思想的其他方面。在孔子之前，关于仁的论述其实已经出现，但这些论述往往因人因事而异，并未形成统一的观点。孔子从礼的"亲亲"原则中的"孝弟"出发，指出"爱人"是仁的本质，从而建立了对后世影响极为深远的仁的思想体系。

在周礼及孔子的观念中，家族成员之间的内部关系由作为礼的两大核心内涵之一的"亲亲"决定，而"亲亲"决定家族成员相互关系的基础是以父为中心的血缘亲疏、长幼次序。古代社会以男性为绝对主导，女性除了作为母亲或尊长的身份，无论在家族内部还是在社会，地位都很低。对于一个男子而言，在"亲亲"原则所确定亲疏有别、长幼以序的家族、家庭关系中，最为重要和基本的当然是与亲生父母及同胞兄长的关系。

从《论语》所体现的孔子的观点可以看出，孔子认为，男性对父母的正确情感态度应该是"孝"，对兄长的正确情感态度应该是"弟"。在古代社会，所谓的孝，是指子女对父母要尽心奉养和绝对服从；"弟"通"悌"，指为人弟者要尊重、顺从兄长。

"子生三年，然后免于父母之怀"，父母赋予人以生命，人的存活和成长一般也离不开父母的养育和关怀，父母之恩深如大海、皓如日月，为人子者秉存孝心、恪尽孝道，乃是人伦应有之义。兄长在长幼之序中位居优先，尊重兄长是"亲亲"原则的一贯要求；此外，在古人看来，兄长者先生先长，其社会经验和为人处事的能力应在其弟之上，故为人弟者凡事顺从兄长亦可谓顺理成章。

"孝弟"的精神内涵可以分解为两个方面，即秩序和亲情。而正是"孝弟"的这两方面精神内涵如两清泉，各自流淌并共同汇集成了仁的两个方面内容。

"孝弟"所规范的是家庭关系，它规定了男性在与父母及兄长的相互关系中的地位，从而确定了家庭内部最为重要最为核心的秩序，即以男性为中心的尊卑之别、长幼之序。男性一经出生,即被置于这一秩序之中,在以后的成长过程中经他人言传身教和社会环境潜移默化的影响将逐渐融入这一秩序,并由此形成最初的秩序意识及对秩序最为基本的认识。孔子认为,"克己复礼,为仁"。"复礼"即是对礼所确定的社会秩序的遵守,是对社会秩序理解和践行的最高状态。尽管如此,男性之所以能达到"克己复礼"的状态,正是因为在接受并正确地践行了"孝弟"所确定的家庭内部秩序的基础上积沙成塔、集腋成裘的结果;如果男性在家庭内部连"孝弟"所要求的尊卑之秩、长幼之序都无法遵守,是不可能达到"克己复礼"的状态的,就像"下临无地"的空中楼阁是无法建造的一样。可见,作为仁的内容之一的"克己复礼"其实渊源于"孝弟"的秩序内涵。

尽管"孝弟"也是社会规范,但与一般的社会规范不同,它不但强调秩序关系,还要强调男性与父母及兄长之间的亲情关系。由于"孝弟"应是男性最初、最基本的人生态度,因此,对父母及兄长怀有"孝弟"所主张的"敬"和"爱"的亲情,是男性对一切其他人事持有善良而美好的情感态度的基础和出发点。"泛爱众"是仁的另一重要内容,是对人类普遍亲善关怀的情感和态度,所以"泛爱众"的起点和基础,即是"孝弟"亲情内涵。只有做到"孝弟",才是为发展优良品质开掘了源头活水,美好的思想情感于此汩汩四溢,仁也可能洋溢其中;也只有做到"孝弟",才是为善性的培养扎下坚固的情感基石,仁的殿堂由此经过日积月累、不断垒砌雕琢而可能最终建成。

"孝弟"是男性对父母及兄长应持有的情感态度,是"仁之本",但"孝弟"并不必然随着男性的成长而自然产生。与父母、兄长朝夕相处,尤其是随着年龄的增长、阅历的增加以及男性在家庭、社会结构中身份地位的变化,观念上的细微差别、对事物看法的大小不同、甚至利益的激烈冲突都可能时有发生。当这些情况出现时,是按照自己的观点、喜好和利益需求还是按照"孝弟"的要求进行处理,是必须做出的选择。如果以自我为中心做出选择,当然可以一时意兴大快,但同时也毫无疑问违背了"孝弟"的要求;相反,如果按照"孝弟"的要求做出选择,则必须压制、克服自己与"孝弟"要求不尽一致的观点、喜好和利益需求。由此可见,"孝弟"的情感态度之形成,是一个不断地反复地克服自己、使自己接受"孝弟"的观念、使自己的行为符合"孝弟"的要求、并最终使"孝弟"成为自己的观念基础、思维方式和行为习惯的过程。所以，"克己"是作为仁之本的"孝弟"的情感态度得以确"立"的途径和过程。

"孝弟"是"亲亲"原则对男性的基本要求，为仁之本。以"孝弟"的秩序内涵及亲情内涵为基础和出发点，通过自我不懈追求和正确引导，仁就可能从中衍生出来。

仁礼相合

孔子的礼是人们的行为准则，体现了社会对仁的外在约束，仁是人的本质，是修己爱人的内在自觉性。仁为礼之体、礼为仁之用。

孔子与其弟子宰我有一场关于守孝期限的争论。宰我问："三年之丧，期已久矣。君子三年不为礼，礼必坏；三年不为乐，乐必崩。旧谷既没，新谷既升，钻燧改火，期可已矣。"子曰："食夫稻，衣夫锦，于女安乎"曰"安。""女安则为之。夫君子之居丧，食旨不甘，闻乐不乐，居处不安，故不为也。今女安则为之。"宰我出，子曰："予之不仁也。子生三年，然后免于父母之怀。夫三年之丧，天下之通丧也。予也有三年之爱于其父母乎？"

从以上对话中我们不难看出，在孔子的心目中，三年之丧这一礼制，并不是毫无意义的一种形式，实际上，它是儿女报答父母养育之恩的一种恰当的方式。一个真正热爱和怀念父母的人，会自觉地遵守这一规定，否则便于心难安。这种发自内心的真挚感情，孔子称之为仁。仁既是礼所由生的内在根据，也是人们自觉守礼的内在动力。只有仁发于心，则行才能合于礼，仁心不动，礼就失去了根据，变成一堆毫无意义的虚文。既然是虚文，当然就可以随意改动，也可以随意废弃了。宰我欲改三年丧制，孔子便斥之为"不仁"，原因即在于此。由此可见，所谓礼的本质内涵不是别的，正是仁。

孔子说：人而不仁，如礼何？人而不仁，如乐何？

　　的确，为人而不仁，如何能理解礼乐制度的本质内涵呢？不能理解其本质内涵，又如何能尊重其仪文形式呢？毫无疑问，在孔子的心目中，仁显然超越礼而具有先决性的意义和价值。

　　但是，孔子并没有因为仁的发现而贬低或轻视礼在社会生活中的支配地位和规范价值，相反，恰恰是仁的发现为礼的合理性提供了强有力的根据。礼既然是仁心外化的必然表现，那么只要是人，如果他内心还有一点真性情，如果他不想泯灭这点真性情而沦为禽兽的话，那么他就应该而且必须自觉地遵守礼的规范，否则，他就是"不仁"。这样，本来是仁心外化的礼，最终却反过来成为判别一个人仁还是不仁的标准。

　　由此可见，仁虽然超越礼而对礼的生成和践履具有先决性的意义和价值，但它并未取代礼在社会生活中的支配地位和价值。相反，当孔子把礼深深地植根于仁的基础上之后，礼作为支配人类生活和行为的道德规范，其合理性、权威性、必要性、重要性，都被更加有力地确认下来。更为重要的是，属于心性范畴的仁还为礼的永恒性奠定了基础。世道会变，但人之为人本诸自然的一些基本性情不会变（如亲情、友情、恻隐之情等等），与这些性情相适应的一些人类行为的基本规范也不会变。礼的合理性、权威性、永恒性在儒家那里不是凭空确立的，而是有其心性的基础。事实上，从本诸自然的人之常情出发来论证传统礼义道德的合理性和永恒性，这是自孔子以至当代新儒家一脉相传的家法。可以说，由孔子创立的儒家仁学，自始至终都担负着为传统礼义辩护的理论使命。

　　在孔子的思想体系中，仁和礼实在只是一个硬币的两面，彼此浑然一体，而非毫不相干、各自独存。仁和礼的关系可以概括为八个字，即：依仁成礼，以礼成仁。仁是礼的内在根据，只有仁发于心，才能自觉地遵守礼；也只有依礼而行，才能最终成就仁。这看起来好像鸡生蛋、蛋生鸡一样是一个矛盾，其实并非如此。因为，前一个仁指的是人之为人本诸自然、根之于心的真性情，而后一个仁则指的是经由礼的规范之后，在社会生活中实现了的完美人格。两个仁实际上是同一范畴在其发展的不同阶段上所具有的两种不同的型态。换言之，仁作为一个道德范畴，有一个从潜在的德性到经由礼的规范而实现为完美人格的过程。它是动态的，不是静止不变的。因此，依仁成礼和以礼成仁两者不仅不矛盾，而且恰恰有内在的逻辑关系。由此我们还可以发现，仁作为一种品德具有内在和外在双重性质。就其根源而言，仁是内在的，就其实现而言，仁是外在的。

仁者爱人

《论语》中论"仁"有五十八章，共谈到一百零九次，其中孔子的学生问"仁"有九处，但孔子给出的答案每次都有不同。人们可能会有疑问，为什么每次的内容都不一样呢？究竟孔子所说的"仁"有没有一个定论呢？我们可以从他对子贡和曾子所说的"予一以贯之"中看出，孔子对他所推崇的"仁"一直都是有一致的见解的，只是他从多个方面来作了论述罢了。据文献记载，可以初步断定"仁"和"仁人"这些词是西周人所造的。"仁"字最初源于两个人相亲相爱，"仁人"是一个王朝或是封国建立牢固的统治秩序所不可缺少的。将"仁"的含义规定为"爱人"，并建立了一套仁爱的理论，则是从孔子开始的。

在孔子的思想中，仁就是人心对生命的珍惜、热爱与尊重。关于"仁"的阐释，最著名的当是樊迟问仁。

樊迟曾经向老师问种庄稼与种蔬菜的道理，引起了老师的不满与批评，孔子都以"我不如老农民""我不如老菜农"作答。但是樊迟的问仁却得到了老师名垂千古的回答。在《论语》一书中，樊迟曾经三次向老师问仁，最为经典的，当是这次问仁——樊迟问仁。樊迟问孔子什么是仁。孔子说："爱人就是仁。"樊迟问什么是智，孔子说："了解人就是智。"（樊迟问仁。子曰："爱人。"问知。子曰："知人。"）

而"爱人"却有一个出发点，这便是对于生命的珍惜和对人格的起码的尊重。我国的上古社会，崇尚惨无人道的殉葬制度。那时，要用奴隶、妇女等活人（有时是大量的）殉葬贵族的死者。随着社会的进步，活人的殉葬逐渐变为由活的牲畜殉葬。到了孔子所处的春秋时期，活人的殉葬已成零星的个例，并已实行以陶俑殉葬的办法。

就是用陶俑殉葬，也遭到了孔子的坚决反对和厌恶。这些陶俑，似乎使孔子感受到一种无视生命的血腥。他甚至对于这种殉葬制度给予诅咒："始作俑者，其无后乎！"那个首先做人俑殉葬的人，是缺德的，恐怕他不会有后代吧！

如果遇见穿丧服孝服的、戴礼帽穿制服的贵族和瞎了眼睛的人，哪怕他们是年轻人，孔子也会马上站起来，脸上涌起严肃的神情。如果经过他们身边，一定会快走几步，不敢多看，也不忍多看；孔子在死了亲属的人旁边吃饭，从未曾吃饱过；孔子如果在这一天哭泣过，就不再唱歌。

他碰到人家家里死了人，就有一种同情油然而生，"老吾老，以及人之老"，不能不严肃起来。经过发丧的队伍，也不会看热闹一样停下观看，而是紧走几步，不去打扰别人的忧伤与痛苦。面对眼睛瞎了的残疾人，也是如此。

有一次，子贡与孔子关于仁进行了一场对话。子贡曰："如有博施于民而能济众，何如？可谓仁乎？"子曰："何事于仁！必也圣乎！尧舜其犹病诸！夫仁者，己欲立而立人，己欲达而达人。能近取譬，可谓仁之方也。"子贡这个人，真不愧是孔子大弟子，他总能提出一些高层次的问题，并总会在老师思想的深处引起共鸣。他问老师说："如果有这么一个人，广泛地给人民以好处，又能帮助大家生活得好，怎么样，可以算得上仁了吗？"子贡的问题，显然触动了老师，孔子马上有了一段精彩的言说："能够博施济众，这哪里仅仅是仁道，那一定是圣德了！尧与舜或者都难以做到呢！仁是什么？那就是自己站得住能成功，也要使别人站得住能成功，自己的事情行得通，也要让别人的事行得通。能由自己推及别人身上一步步地去做，可以说就是实践仁道的方法了。"

"博施于民而能济众"，当然是孔子一生的志向。这一志向，在《公冶长》里颜渊、子路与老师的对话中，再次得到证实。有高足在侧，老师总会研之教之。老师请他们俩说说各自的志向，"盍各言尔志"。子路是个直性子，总是抢着回答，他说："我乐意将自己的车子马匹和衣服锦袍，与朋友一起用，就是用坏了，我也一点遗憾都没有。"颜渊的志向则是，不夸耀自己的优点，不把劳苦的事情推给别人。因为子路对老师始终存在一种儿子对于父亲一般的挚爱，加上性情使然，也就没了师生尊卑的界限，他直接问老师，光让我们说志向，那老师你的志向呢？这时，孔子说出了让后人每每诵读都会心头发热的十二个字："老者安之，朋友信之，少者怀之。"使老年人都得到安养，使朋友们都相互信赖，使青少年都得到教育与抚爱。

不光对人，就是对鸟，孔子也一样施着仁爱之心。

《论语·述而》记着这样一个细节："子钓而不纲，弋不射宿。"

钓鱼就是钓鱼，不用大网去网，"钓而不纲"。因为大网一网下去，不仅大鱼，连小鱼小虾也会一股脑儿网上来。打猎的时候，箭术高明的孔子却从不射正在归巢的鸟和已经栖息的鸟，"弋不射宿"。归巢的鸟往往嘴里衔着活食，它的家里正有刚孵出的小鸟嗷嗷待哺。把大鸟打死了，巢里的小鸟也得饿死。还是一个不忍心。

在对珍惜生命与人格尊重的基础上，孔子进而提出了"立人"的主张。这不只是孔子对于人的发现，更是孔子对于人的关怀、关注与尊重。在樊迟问仁，孔子答以爱人之后，樊迟还没有全部明白，这时孔子还有一段引申的论述，他说应当"举直错诸枉，能使枉者直"，这便是要把正直而又有才能的人提拔起来，放在那种邪恶的人之上，这样不仅能令正直的人发挥作用，还能让邪恶的人变得正直，并进而在社会上形成一种倡导正直的健康的风气，促进社会的进步与发展。

从这段话中，我们可以体会到孔子对统治者实施"仁政"的呼吁，而这个"仁政"的核心，则是对于"民"的承认、尊重与关爱。

孔子说："百姓对仁德的需求，比对水火更迫切。水和火，我们只看见有人踩踏在里面而死去的，却没有看见因实行仁德而死去的。"可见仁德对于我们来说，不论是大到国家，小到个人，都是非常重要的。孔子将一个朝代或是一个封国的统治秩序的希望寄托在了"仁人"身上。因为只有这样的人才能安人。这些仁人都是直接或间接地做过一些有利于"立人"或有利于"达人"的事情。除了仁人外，一个国家要想有好的发展还需要实行一套仁政。这样国家才能兴旺，百姓才能幸福。

"仁政"一词，孟子首先使用，但是源头却是从孔子那里来的。"为政以德""用贤纳谏""博施于众""敬事而信，节用而爱人，使民以时""举直错诸枉"等，孔子几乎在反复申明着自己施行仁政、善待百姓的主张。

子贡问孔子治国之道。孔子说："有足够的粮食、足够的兵力，人民便会有信心。"子贡说："迫不得已要摈弃其中一项，三项之中，先摈弃哪一项？""摈弃兵力。"子贡说又说："迫不得已要摈弃其中一项，两项之中，先摈弃哪一项？""摈弃粮食。自古以来便有死亡，要是没有信心，人民不会有建树。"（子贡问政。子曰："足食，足兵，民信之矣。"子贡曰："必不得已而去，于斯三者何先？"曰："去兵。"子贡曰："必不得已而去，于斯二者何先？"曰："去食。自古皆有死，民无信不立。"）孔子在这里将民众对于统治者的信任，看作一个政权最为重要的基础。

在《论语》之中，孔子提得最多的，除了"仁"，就是"君子"这个词了。有一次子路问老师怎样才能成为君子。老师说，要提高自己的修养以达到恭敬待人。子路说，这样就可以了吗？老师进一步告诉子路，还要修养自己使别人安乐。子路听出老师好像还有对于君子的更深层的思考，于是再问，这样就可以了吗？这时，孔子就向子路说出作为君子的最高标准：修养自己以使百姓安乐，这恐怕是尧舜也难以全面做的。（"修己以安百姓，尧舜其犹病诸。"）这也就是孔子在《为政》篇所说的：如果能以仁德去施行政治，就好像北极星一样，虽然站在那里不动，而其他许多的星星，也会心悦诚服地环绕在它周围。（"为政以德，譬如北辰，居其所，而众星共之。"）

在那样的时代，有一个叫邾国的小国，当时邾国的国君邾文公，可说是孔子称颂的"修己以安百姓"的罕有的君主。在《左传·文公十三年》中，有着这样感动人心的记载：

邾文公卜迁于绎。史曰："利于民而不利于君。"邾子曰："苟利于民，孤之利也。天生民而树之君，以利之也。民既利矣，孤必与焉。"左右曰："命可长也，君何弗为？"邾子曰："命在养民。死之短长，时也。民苟利矣，迁也，吉莫如之！"遂迁于绎。五月，邾文公卒。君子曰："知命。"

文中所说的"绎"，就是现在的山东邹城附近，这个邾文公在位五十二年，他为了迁都绎地而占卜吉凶。当史官对他说如果迁都绎对百姓有利而对国君不利的时候，这个小国之君却发出了足以震古烁今的铿锵之言："如果对百姓有利，也就是我的利益。上天生育百姓并为他们设置了君主，就是用来为他们服务的并给他们带来利益的。百姓既然得到了利益，我的利益也就在百姓的利益之中了！"当臣下说不迁绎可以使他延长寿命的时候，这个小国之君，再一次发出了与绝大多数的当权者迥然不同的声音："活着就是为了抚养百姓。而死的早晚，在于时运天命。百姓如果有利，就迁都，没有比这更吉利的了。"而且这个小国之君，却是个行动的巨人，他说过以上的话之后，便迅速迁都于绎。虽是小国之君，却为我们留下了"苟利于民，孤之利也""天生民而树之君，以利之也""命在养民"等以民为本的堪称伟大的遗训。而文中那个称赞他"知命"的君子，据说便是孔子。

关于以仁治国，孔子还提出了一些主张。

孔子主张贤人治国。所谓仁政也就是为政者"以不忍人之心，行不忍人之政"。儒家认为个人不能离开社会而存在，个人只有作为国家和家庭的成员才有存在的意义。

孔子提出了一条治理国家惠而不费的好办法，就是顺着老百姓谋生取财的本性和客观条件，使他们得到利益。汉末王肃解释说，这是不耗国库之财，用政策给人民带来好处。老百姓根据各自的情况谋生取财，每个人有每个人的方式，人人都有自己的智慧，这是一股无穷的创造力，只有这股创造力自由地发挥出来，才能富国富民，压制这股创造力，只会越弄越穷。因此，孔子提出了"因民所利而利之"的理论。比如，"山地之民，利在山货木材；滨海之民，利在鱼盐水产；平原之民，则利在粮棉五谷"。又比如，手艺人可以靠一技之长过活，生意人可以靠买卖吃饭，有文化的人可以靠出售知识获取报酬。一言以蔽之，如果政府能有一套开放宽松的政策，使地尽其利，人尽其才，整个社会就会日富一日，生机勃勃。

在孔子心中，他所有的学生中，只有颜回算得上仁者。下面这则故事，或许能帮我们找到一些关于为什么说颜回算得上仁者的答案。

有一天，孔子的学生子路、子贡、颜回三个人陪同孔子出游，一同来到了鲁国边境的农山。山下是一大片肥沃的土地，却没有耕种，长满了野草。由于鲁国的国势衰弱，常常遭到强大的齐国、楚国等国的侵扰。农山下的这块土地正好是鲁国与齐、楚等国的边境，从这里出发可以到齐国、楚国，齐国和楚国也可以从这里入侵，进入鲁国。孔子看着肥沃的土地却因地处交界处而荒芜，感到十分惋惜。他叹了一口气说："你们三个人就前面这块荒地谈谈各自的想法，让我来听听。"

子路是一名武将。老师的话刚刚落音，他就迫不及待地回答道："我愿担当起保卫鲁国的责任，敌人的军队若从这里侵入，我就穿上威武的军装，高举战旗，吹起号角，擂响战鼓，率领一支军队冲向敌军，夺过他们的帅旗，杀得敌人望风而逃。我再乘胜扩大鲁国的疆土，使鲁国强大起来。"一番慷慨激昂的"演讲"完毕后，还没等别人搭话，子路又自豪地说："这只有我仲由才做得到。子贡和颜回，你们就跟在我后边立功吧！"孔子没有任何表情，只是淡淡地说："真是一名勇将。"

接着子贡说道："这块土地是一个很好的战场，齐、楚等国的军队会在这里摆开阵势进攻鲁国。鲁国的军队也将摆开阵势在这里迎战。战鼓已经擂响，军队互相对峙，在战争一触即发的时候，我穿上外交家的白色礼服，在齐楚的阵营前游说，坦陈利害，使他们不战而退。只有我这样才能挽救鲁国。子路和颜回你们俩只要跟着我就行了。"孔子仍然平静地评论说："真是一个口才雄辩的外交家。"

最后轮到颜回了，他却退到一旁不语。孔子再三鼓励后，他才说："我希望鲁国有一个贤明的国君，让我辅佐他，实行教化，宣扬礼仪，倡导良好的社会风气，使鲁国强盛起来，与邻国和睦相处。不劳民伤财地建筑防御敌人的城池，把刀剑化为农具，让牛马在这片肥沃的土地上自由劳作。永远没有战争，各家的男人也不会因战争而别离妻室儿女。子路的勇再也无用武之地，子贡雄辩的口才再也无处施展。因为那时天下已经太平。"

孔子惊呆了，非常感动。过了片刻他才严肃地称赞说："这是多么美好的前景、多么崇高的道德理想啊！"

在这个故事里，子路、子贡、颜回都表达出对国家的责任和他们的理想，只是所站的角度不同，但他们各自的角度体现了儒家的价值取向。因此孔子都给予肯定。但孔子认为，只有颜回最准确地理解了儒家的理论，这就是"仁"。由此可以知道为什么孔子给予颜回如此高的评价了。

当然，在统治者面前，孔子没有奴颜、媚骨，总会平等地甚至居高临下般对其进行斥责。"八佾舞于庭，是可忍也，孰不可忍也？"孔子直陈鲁国权臣在家庭之中用天子之舞，并警告大家注意季氏的野心，"像这样的事情，季家都忍心做出来，还有什么事情他们不敢做呢"？鲁国国政的实际掌握者季康子问政于孔子，孔子直言相告："政字的意思就是端正。您自己带头端正，谁敢不端正呢？"（"政者，正也。子帅以正，孰敢不正？"）季康子又换了个法问政于孔子，他说："假若杀掉坏人来亲近好人，怎么样？"孔子还是把开门的钥匙落在当权者的头上，他教导这个不可一世的掌权者说："你治理国家，为什么非要杀戮？你要真想把国家治理好，老百姓会看到并跟着往好处走。领导者的作风好比是风，老百姓的做派好比是草。风向哪边吹，草向哪边倒。"（"季康子问政于孔子曰：'如杀无道，以就有道，何如？'孔子对曰：'子为政，焉用杀？子欲善而民善矣。君子之德风，小人之德草。草上之风，必偃。'"）

在《论语》中，学生们问仁于老师的例子很多，也足见仁在孔子思想中的核心地位。弟子子张一次问仁，孔子就答以"能行五者于天下为仁矣""恭，宽，信，敏，惠。恭则不侮，宽则得众，信则人任焉，敏则有功，惠则足以使人。"

恭：恭敬。即恭敬地对他人，就不会遭受侮辱。

宽：宽厚。即待人宽厚，就能得到群众的拥护。

信：诚实。即为人诚实，就会得到人们的信任。

敏：勤敏。即勤勉地工作学习，就能有所建树。

惠：慈惠。为人慈惠，别人就乐于为你做事。

孔子认为做到了这五点就是仁了，至今，这五点标准依然可以成为我们评判一个人是不是"仁人"的标准。让我们用今天的观点看看这五点的具体内容是什么。

第一是恭。为人要有仪表风度。一个人，穿衣服不一定要求穿什么名牌，但要整洁；与人打交道、办事情，要严肃认真；对人要有礼貌，不苟且，不嬉狎；在一些场合，什么话该说，什么话不该说，要有分寸。这样，待别人以一种恭敬的态度，别人自然也就会用同样的方式待你，因此也就不会招来别人对你的戏谑。相反，如果一个人天天衣冠不整，散漫至极，说话不注意场合，随便动手动脚，任意取笑戏弄人，常常会自取其辱。

第二是宽。简单说就是有同情心，能体谅人。孔子认为，为人宽容，能得到众人的爱戴；为政宽容，能使有才干的人各尽其力。如果没有宽宏的气度，不论是为人还是为政，都会受到影响。从大的方面说，就是"老吾老以及人之老，幼吾幼以及人之幼"，能推己及人；从小的方面说，不苛责于人，能理解别人合乎情理的缺点，不记小过，胸襟宽阔。

《吕氏春秋·爱士篇》中讲了这样一个故事：一天，秦穆公不知怎么回事丢了一匹拉车的马。当他找到马时，马已经被人煮了，正在吃呢。秦穆公并没有大怒，只是叹了一口气说："吃骏马肉而没有酒喝是不好的。"于是给每个吃马肉的人一大碗酒。一年之后，秦、晋大战于韩原，秦穆公被刺枪射中，战马也被晋军抓住，眼看就要成为俘虏了。这时那些曾经吃了马肉的人都冲了出来，竭尽全力与晋军作殊死搏斗，终于大败晋军并俘获了晋惠公。为什么秦穆公能在这样的生死关头转危为安呢？全凭的是他宽大容人的德行。

第三是信。人之为人的一个重要方面，就是重承诺，说到做到，肯负起责任。孔子认为，"信"是人的立身之本，如果没有诚信，人也就失去了做人的基本条件。诚实守信是中华民族传统美德的一个重要规范，随着时代的不断发展和变化，诚实守信也被不断赋予体现时代精神的新内涵。古人认为"谨而信""敬事而信"是为人处事中最基本的。孟子把社会中人和人之间的基本道德规范概括为五个原则，"信"就是其中之一。

第四是敏。前人解释："应事疾，则成功多。"就是指应对事情反应灵敏，行动迅速，讲求效率。不迟钝，不拖拉，不懒散，处事干练，作风果断。孔子说"敏则有功"，就是工作勤奋、应事敏捷的人就会有所建树。在事业以及人生的道路上，"敏"可谓一块重要的基石。

第五是惠。即有宽广温柔的胸怀，对人有爱心，爱护弱者，并珍惜一切美好的东西。与人相处，或为官居职时，要有恩情，有恩惠。惠可以说是人性中最基本最人性的一个项目。所以，我们常把恩和德相联构成一词。前人解释，"德"就是"得"，得人性即为德，而有恩有惠，即为得人性。只有有惠于人，别人才愿意为你效劳。

孔子所说的"恭、宽、信、敏、惠"，每一条都是非常优秀的品德。一个人要想做到这五条，成为仁者，一定要下苦功才行。

儒家学派所极力推崇的"仁"，不仅仅提倡"爱人"，同时，也指出了对于那些不仁的人应该要敢"恨"。因为"爱"与"恨"是相对立存在的，有爱必然会有恨。

孔子说："唯仁者能好人，能恶人。"即是说，只有仁者能公正无私地去喜爱人、憎恶人。什么事情都要做到恰到好处，这是孔子立身处世的信条。人如果不能公正地去爱人，善恶不分，不能算仁者。仁在孔子心中，不仅包括爱人，而且还包括恨人。在别人看来，仁者应该平等看待一切众生，即无分别心。既然没有了分别心，能以一种平等的心面对一切，那爱与恨之间就没有界限了。然而孔子的着眼点并不在此。如果仁者无爱无憎，那么世界上也就不会存在正道与邪道的区别了，这样黑白不分、是非不明、忠奸不辨的现象将必然会无处不在。孔子认为，人若仅有爱而无恨，不算是仁者。

在生活中，人在修养道德方面很重要的一点就是要懂得如何爱人，如何恨人。而爱一个人需要有原因，有分寸，有标准。同样，恨一个人也需要有原则。爱憎分明是一种美德，是一种酣畅淋漓的感觉，同时也是一种难得的人生境界。

第四章　孔子教育思想

春秋以前，"学在官府"，即国家一切重要的文化典籍、礼乐制度及其教育均由王室的专职官员掌管，居于世袭统治地位的贵族阶级垄断着学校的教育权，也只有各级贵族的子弟们才享有受教育的权利。

杏坛

西周末期，由于政治的动荡和王室的衰微，出现了文化下移的历史趋向，大批周王室世代职掌文化学术的官员流散到各个封国和边夷之地。流散到各地去的谙习礼乐文化的王室官员及其子弟们也仍有其用武之地，他们散居各地，为了谋生，便利用自己谙习的文化专长在社会上以相（司仪）和教育（传授礼乐或其他知识）为业，从而为私学的兴起开辟了道路。生在春秋末期的孔子，正当私学方兴未艾之时，他便奋起充当了一员猛将。孔子虽不是兴办私学的第一人，但他却是兴办私学最为成功的第一人。而作为私人办学最成功的第一人，孔子的私学自有其特殊的创举和贡献。

作为一位政治思想家和政治活动家，孔子始终是落魄和失意的。而作为一位教育家，孔子的私学却获得了空前的成功，

诲人不倦

"诲人不倦"，是孔子一生坚持的施教态度，也为后世百代千代的教育工作者提出了一个施教的准则。他在总结自己的教育生涯时说："说我圣，说我仁，我都不敢当。我只是永不自满地学习，永不知疲倦地教诲子弟而已。"

孔子生为败落贵族之后，少时贫贱，但他自幼又受到贵族遵礼行仪风习的熏陶，而且勤奋好学，到三十岁左右便以博学知礼闻名遐迩了。孔子创办平民教育，大概开始于他的"而立"之年。其后，这种投入了自己全副身心的教学活动，几乎贯穿了他的一生。

孔子的教育活动大致可以分为三个阶段：

第一阶段：自开始办学，到去齐国求仕之前，约7、8年时间。这一阶段他的门徒还不太多，但是办学有成效，在社会上已经有了较大的名声。在这一时期，孔子的学生中有比他只小6岁的颜路（颜回之父），有只比他小9岁的子路。子路几乎终生陪伴着孔子。

第二阶段：自37岁（鲁昭公二十七年、公元前515年）从齐国返回鲁国到55岁（鲁定公十三年，公元前497年）周游列国之前。这一阶段共计18年的时间。这18年中，孔子虽然有4年多的时间在做官从政，但并没有停止授徒。这一阶段是孔子教育事业大发展的阶段。他的教育经验越来越丰富，教育水平越来越高，名气越来越大，所收的弟子越来越多。除了鲁国的学生之外，他的学生中还有来自齐、楚、卫、晋、秦、陈、吴、宋等国的求学者。孔子的

威望已经树立起来。他的一些有名的弟子，如颜回、子贡、冉求、仲弓等，大都是这一时期进入孔门的。这些弟子中的一部分人后来跟随他一起周游了列国，一部分从了政。

第三阶段：自68岁（鲁哀公十一年、公元前484年）周游列国结束回到鲁国，到他去世，共5年的时间。这时，他虽然被季康子派人迎回鲁国，但鲁哀公、季氏最终并没有任用他。他虽然有大夫的身份，有时也发表一些政见，但没有人听从他的意见，因此他把精力集中到了办教育与整理古代文献典籍上。这一时期他的学生也很多，并培养出了子夏、子游、子张、曾参等才华出众的弟子。这几个人后来大都从事了教育事业。

孔子在周游列国的14年中，也没有停止过教育活动。他在卫国、陈国先后住了数年的时间并没有从政，弟子就在身边，师生之间不可能不进行学术研讨。他带着弟子周游列国，开阔了这些学生的眼界，磨炼了他们的意志。这可以说是一种特殊的教育活动。孔子一生从事教育事业，相传有弟子三千，贤弟子七十二人，在德行方面表现突出的有颜渊、闵子骞、冉伯牛、仲弓；在语言方面表现突出的有宰我、子贡，办理政事能力较强的有冉有、子路；熟悉古代文献的有子游、子夏等等。在孔子的弟子中，有不少人都干出了一番成就，对当时政治，尤其是对孔子思想的传播，对儒家的形成和发展，都起到了重要作用。

文、行、忠、信

根据《论语》，人们可以从不同的角度概括孔子的教学内容：一曰："子以四教：文、行、忠、信。"以文学、品行、忠诚和信实教育学生，是指教学内容包括四个基本方面；二曰：礼、乐、射、御、书、数等"六艺"，是指孔子教学的主要科目；三曰：《诗》《书》《礼》《乐》《易》《春秋》等"六书"，是孔子所使用的基本教材。就教育内容而言，"文、行、忠、信"概括得更为妥当。

"文"教的内容主要是由孔子向弟子传授古代历史文化典籍及文化传统知识，即"诗、书、礼、乐"。

诗、书本是春秋以前的历史文献，孔子编选后用作教本。书主要是政治类的历史文献；诗在春秋时期主要是政治外交场合被贵族阶层的人用以"赋诗言志"。孔子以诗、书为教本，不仅是教学生文献知识，更注重引申、发挥其文义以用之于修身、处世、从政。

孔子"文"教的另一重要的方面，就是教学生演习礼乐。礼是当时社会生活秩序或形式的制度化规范，一个人要参与社会生活就要在行为上处处遵守礼的规定，视听言动都要依礼而行，否则便难以立身于社会，甚至恭、慎、勇、直的行为也会因"无礼"而走向偏失。所以，孔子教学生习礼，认为"不学礼，无以立"。而诗的咏唱、礼的演习，在当时又是与乐相配而行的，所以乐亦是孔子文教的一项重要内容。

"行"教是孔子教给弟子们某种人生的座右铭，或者说是一种人生理想或道德理想教育。孔子曾答子张问"行"说："言忠信，行笃敬，虽蛮貊之邦，行矣。言不忠信，行不笃敬，虽州里，行乎哉？"子张问如何才能到处都行得通。孔子说："说话要忠信，行事要笃敬，即使到了荒蛮地区，也可以行得通。说话不忠信，行事不笃敬，就是在本乡本土，能行得通吗？"孔子的"行"教不乏精言妙语，如"己所不欲，勿施于人"至今仍被奉为做人的金科玉律。

关于"忠信"，从字义上说，"忠"即尽心竭力，"信"即诚实不欺。孔子关于阐述忠信的语句很多，如"臣事君以忠"、为政要"居之无倦，行之以忠""民无信不立""信则人任焉"等等。孔子的"忠信"之教，不仅是用于人际关系的道德行为准则，而且还是极为重要的两项政治道德。

孔子的"四教"的内容涉及历史文献、文化知识、行为规范、人生理想、道德意识、政治伦理等，其间又相互交叉、密切关联，所以孔子教人既因材施教又有一贯之道。

除此之外，孔子的教学内容还有三方面特点：其一，偏重社会人事。他的教材，都属于社会历史政治伦理方面的文化知识，注重的是现实的人事，而不是崇拜神灵。他虽不是无神论者，但对鬼神持存疑态度。他不谈"怪、力、乱、神"，不宣传宗教迷信思想，不把宗教内容列为教学科目，这种明智的态度，成为中国古代非宗教性教育传统的开端。其二，偏重文事。他虽要求从政人才文武兼备，但在教学内容的安排上，仍是偏重文事，有关军事知识技能的教学居于次要地位。其三，轻视科技与生产劳动。他所要培养的是从政人才，不是从事农工的劳动者，他不强调掌握自然知识和科学技术，他既没有手工业技术可传授，也没有农业技术可传授。他认为社会分工有君子之事，有小人之事，"君子谋道不谋食"，君子与小人职责不同，君子不必参与小人的物质生产劳动，所以他从根本上反对弟子学习生产劳动技术，樊迟要学种田、种菜，他当面拒绝。

那么，孔子教学的宗旨和目标是什么呢？

孔子教育的基本目的是培养志道和弘道的志士和君子。他一生以"朝闻道，夕死可矣"的精神追求道。但孔子一生不得志，就把志道、弘道的希望完全寄托在弟子身上。他教育他的学生"人能弘道、非道弘人""士志于道，而耻恶衣恶食者，未足与议也""笃信好学，守死善道""志士仁人，无求生以害人，有杀身以成仁"。他的学生也颇有体会，如曾参说："士不可以不弘毅，任重而道远。仁以为己任，不亦重乎？死而后已，不亦远乎！"子夏曰："百工居肆以成其事，君子学以致其道。"可见，教道和学道是孔门师生共同的目的，孔子的教育目的已转化为学生的学习目的，因为这种主观和客观的统一，所以孔子才能造就出许多有才干的学生来。但孔子是不轻易以"仁"称许他的学生的，而且也不认为自己已是仁人君子了。仁人君子是孔子为他的教学群体（包括他自己在内）所设定的共同追求的人生理想与目标。因此，在贯穿于孔子师生整个生活交往过程的教学活动中，孔子乐于在追求仁人君子的共同理想与目标下，将自己与学生置于人格平等的地位，依"当仁，不让于师"的原则，师生彼此激励以共同进德修业。

子夏曰："学而优则仕。"从理论上概括了孔子教育目的的另一个重要方面。"学而优则仕"包容多方面的意思：学习是通向做官的途径，培养官员是教育最主要的政治目的，而学习成绩优良是做官的重要条件，如果不学习或虽学习而成绩不优良，也就没有做官的资格。孔子对实行"学而优则仕"的态度非常明确，他说："先学习礼乐而后做官的是平民，先有了官位而后学习礼乐的是贵族子弟。如果要选用人才，我主张选用先学习礼乐的人。"学习与做官有了密切的联系，他鼓励学生们说："不患无位，患所以立。"不必担心没有官做，要担心的是做官所需要的知识本领学好没有。弟子们受到此思想灌输，头脑中普遍存在为做官而学习的念头，既然已学为君子，不做官是没有道理的，子路心直口快说出"不仕无义"，这是有代表性的。孔子积极向当权者推荐有才能的学生去担任政治事务，但他在输送人才时也坚持一些原则：首先，学不优则不能出来做官；其次，国家政治开明才能出来做官，否则宁可隐退。孔子培养的一批弟子，大多或早或迟地参加政治活动，他们"散游诸侯，大者为师傅卿相，小者为教士大夫。"

对孔子而言，教学与其说是一种职业，毋宁说是一种育人的方法与艺术，他的理念便是他整个教学实践的基础，他将他的人生理想与信念贯注其中，而且他就乐在其中！

有教无类

春秋以前，有资格接受教育的是王公贵族的胄子，而作为平民是没有资格入学接受教育的。孔子创办私学后，首先在招生对象上进行了相应的革命，实行"有教无类"的办学方针（孔子是中国历史上第一个提出"有教无类"的人），即不分贵贱贫富，不管年龄大小，也没有地域之分（包括不分国籍），想来学习的学生，都可以进校学习。

为了实现这一原则，孔子在招收学生时表示："自行束修以上，吾未尝诲焉。"只要本人愿意学习，主动奉送10条干肉作为见面礼，就可以成为弟子。从小贫寒、"多能鄙事"的孔子，第一次向所有的人打开了受教育之门，并把这个可以决定人一生、影响人一生的教育大门的门槛，放得空前之低。

事实表明，他的弟子来自各个诸侯国，有齐、鲁、宋、卫、秦、晋、陈、蔡、吴、楚等国，分布地区十分广泛。弟子的成分复杂，出身于不同的阶级和阶层。在他所收的学生中，有"一小竹筒饭，一瓢水，住在陋巷里，受着别人受不了的穷苦"的颜回；有其父为贱人，家无立锥之地的仲弓；有常常吃着粗劣的野菜、被称为"卞之野人"的子路；有住着茅草小屋、蓬蒿编门、破瓮当窗、屋顶漏雨、地下潮湿却端坐而弦歌的鲁国人原宪；有大雪天连件御寒的衣服也没有，以芦苇花絮当棉花的闵子骞；有满手老茧、絮衣破烂、面色浮肿的卫国穷人曾参……也有个别商人出身，如曾从事投机贩卖的子贡。还有少数出身于贵族的，如鲁国的孟懿子和南宫敬叔、宋国的司马牛等。而年龄也不成为孔子招收弟子的障碍，学生中有"难与言"的童子，也有只比他小6岁的颜路等。

孔子私学中，弟子品类不齐，各色人物都有，实是"有教无类"的活标本，当时有人对此不理解，产生种种疑问。南郭惠子讥笑性地问子贡说："夫子之门何其杂也？"子贡曰："君子正身以俟，欲来者不距（拒），欲去者不止，且夫良医之门多病人？木隐栝之侧多枉木，是以杂也。"虽门下人品混杂，皆能兼收并蓄，教之成才，这说明教育家胸怀的宽大能容，教育艺术的高明善化。

孔子"有教无类"的教育主张，有其人性论上的根据。孔子认为："性相近也，习相远也。"意思是说，人的本性是相近的，但由于后天的环境和习气不同，所以表现出来的差异很大。既然人的本性都是相近的，教育可以改变人的习气，那么，好的教育就可以使不同的人都趋向于善。我们不应该因为某人表现出恶而不对他施教。在鲁国国都不远的互乡这个地方的人因为道德水准低而很难与其交往，可是孔子却接见了那里的一个小孩儿。对于弟子们的困惑不解，孔子语重心长地说："别人改了过，把自己打扮得干干净净到你这里来，你就应当肯定他的洁净，不要老是抓住他们以往的过失不放。"因此，可以说孔子对人性基本持一种肯定、信任的态度，尽管孔子对他所处的时代状况颇为悲观，但他绝不是一个人性的绝望主义者。

孔子从鲁国向列国望，在战乱的纷争中不仅有大批的贵族在没落，大批的新权贵在崛起，更有日益壮大的"士"阶层（后备官吏），和向"士"的阶层挤攀而来的平民子弟。在这一切都处于重新组合的春秋时代，正迫切需要着一个训练此类人才的地方，而训练的基本内容，则是可以进身谋生的礼、乐、射、御、书、数的"六艺"。而从小以学无定师、艰苦自学而成就为一个博学之士的孔子，不仅在高的境界上掌握了"六艺"的各种技能，更对被称为高等"六艺"的《诗》《书》《礼》《乐》《易》《春秋》的内容与精神有了系统的学习与掌握，并达到了融会贯通的程度。

社会出现了这样一个广泛而又迫切的需求，而孔子正好具备了满足这一需求的充分的条件和意识。对于从小吃苦受穷的孔子来说，这无疑是一个可以改变自己生存状态的难得的机遇，他也要养家糊口，他也想有一个较为富裕的家境。他相信用自己的缜密博学的大脑与热情仁义的心，定能开辟出一条前人从未走过的道路来。

毋庸讳言，孔子曾按人的知性与品质分人为四等，即："生而知之者，上（上等人）也；学而知之者，次也；困而学之，又其次也；困而不学，民斯为下矣。"而且孔子也似乎未招收过一个女弟子。但孔子实行的"有教无类"的主张所具有的划时代的思想解放的深远意义，没有因此而逊色，我们也不应苛求古人而抹杀其意义。

实行开放性的"有教无类"方针，满足了平民入学受教育的愿望，适应了社会发展需要，孔子私学成为当时规模最大、培养人才最多、社会影响最广泛的一所学校，从总的社会实践效果来看，是应该肯定的。"有教无类"是顺应历史发展潮流的进步思想，他打破了贵族对学校教育的垄断，把受教育的范围扩大到一般平民，有利于中华民族文化的传承发展。

因 材 施 教

孔子在教学中，始终坚持着一条高效的教学理念：个性化教育。百人百态，智力不一，背景不同，性格各异，孔子总会根据各人的不同，分别施教。这样的例子在《论语》中比比皆是。"因材施教"正是后人对孔子的这一施教方法的理论概括。宋儒程颐即首先如此概括道："孔子教人，各因其材，有以政事人者，有以言语入者，有以德行入者。"明儒王阳明更有一绝好的譬喻，即因材施教犹如医生治病，需"随其疾之虚实、强弱、寒热、内外，而斟酌加减，调理、补泄之"。

孔子虽未明确将其施教方法概括为"因材施教"，但他在自己的教学实践中却正是自觉地贯彻了这一卓越的方法。

对于学生提出的同一个问题，孔子的回答因人而异。

如鲁国大夫之子孟懿子问孝，他回答说："不要违背礼节。"就是说父母活着，要依礼的规定侍奉他们，死了，也依礼的规定来埋葬他们，祭祀他们。而孟懿子之子孟武伯问孝，孔子答，应为父母之疾病而考虑。子游问孝，孔子答："仅仅能够养活父母并不是孝，孝是对父母人格的一种尊敬。"子夏问孝，孔子回答，仅代父母操劳，有酒让父母先喝，有肴让父母先吃，并不就是孝了。孝是指在父母面前经常显露出愉快的容色。所有这一切，也许是孟懿子对父母未能曲尽其礼，孟武伯对父母之疾省察不周，子游能养父母而庄敬不够，子夏服劳父母而色未尽善。孔子正是针对不同学生的情况，当下点醒，让他们立即领悟到孝的含义，并能马上用于生活中。

子张问政，子曰："居之无倦，行之以忠。"

子路问政，子曰："先之，劳之。"请益，曰："无倦。"

子夏为莒父宰，问政。子曰："无欲速，无见小利——欲速则不达，见小利则大事不成。"

仲弓为季氏宰，问政。子曰："先有司，赦小过，举贤才。"

曰："焉知贤才而举之？"

子曰："举尔所知。尔所不知，人其舍诸？"

子贡问政，子曰："足食，足兵，民信之矣。"

子贡曰："必不得已而去，于斯三者何先？"

曰："去兵。"

子贡曰："必不得已而去，于斯二者何先？"

曰："去食。自古皆有死，民无信不立。"

同是问政，不同的学生得到的回答也各不相同，这主要视对象的具体情况而定；子张给孔子的印象是"师也辟"，即习于容止、缺少诚实，有点好高骛远，故孔子要他尽心竭力、脚踏实地；子路心浮气躁，做事缺乏耐心，爱指手画脚，因此告之曰要以身先之、以身劳之；子夏注重实践，做事脚踏实地，喜欢从小事着手，而也容易为小事所蒙蔽，故而告诫他要着眼长远；仲弓以德行著称，孔子曾赞之曰"雍也可使南面"，是为政的适当人选，故孔子从表率、宽容、荐贤等方面开导他；子贡自恃才高，徒事高远而务本不足，故孔子启发他要务本……类似的孔子跟弟子的答问，在《论语》中俯拾皆是。

子路问："闻斯行诸？"子曰："有父兄在，如之何其闻斯行之？"冉有曰："闻斯行诸？"子曰："闻斯行之。"公西华曰："由也问'闻斯行诸'，子曰'有父兄在'；求也问'闻斯行诸'，子曰'闻斯行之'。赤也惑，敢问？"子曰："求也退，故进之；由也兼人，故退之。"

子路问："听了这事就去做吗？"孔子说："有父兄在，你怎么可以听了就做呢？"冉有也这样问孔子，但孔子答复，却是听了就做，不必请示父兄。仲由、冉求二人问题相同，孔子答案不同，公西华因此发生疑惑，所以他说："赤也惑，敢问其中的道理。"孔子说："冉有行为退缩，所以我鼓励他前进。子路行动胜过别人，所以我要抑制他。"

退则进之，进则退之，便是因材施教。

孔子对每一个弟子都了如指掌，正如他对弟子的评价："柴也愚，参也鲁，师也辟，由也喭。"也正是抓住了各人的差异，才会有"德行：颜渊，闵子骞，冉伯牛，仲弓。言语：宰我，子贡。政事：冉有，季路。文学：子游，子夏。"这样的成就。可以想见，假如孔子不考虑这一因素而一味求同，其弟子的成就一定会大大缩水，决不会如此异彩纷呈。

有时，对于同一个人的同一问题，孔子在不同时期回答也不尽相同，或深入，或阐发。

樊迟问知。子曰："务民之义，敬鬼神而远之，可谓知矣。"问仁。曰："仁者先难而后获，可谓仁矣。"

樊迟问仁。子曰："爱人。"问知，子曰："知人。"樊迟未达。子曰："举直错诸枉，能使枉者直。"

樊撤退，见子夏，曰："向也吾见于夫子而问知，子曰：'举直错诸枉，能使枉者直。'何谓也？"子夏曰："富哉言乎！舜有天下，选于众，举皋陶，不仁者远矣。汤有天下，选于众，举伊尹，不仁者远矣。"

樊迟问仁，子曰："居处恭，执事敬，与人忠，虽之夷狄，不可弃也。"

樊迟性愚，三次问仁，得到的回答各有侧重：或让他发挥优势，先劳后得；或让他宽厚仁慈，体恤百姓；或让他有始有终，美德不离身……这无疑有利于他对"仁"这一抽象概念循序渐进的理解，使他一步一步地向这一境界迈进。

有时，孔子又会以同一个问题，分别让自己的学生单个作答。这既是考察锻炼他们自主回答问题思索问题的能力，又是对于已经达到高层次学生的一种教学方法。如对于"知者若何？仁者若何？"同一个问题，子路、子贡、颜渊分别进入老师的房间，做了不同的回答——"知者使人知己，仁者使人爱己"（子路）；知者知人，仁者爱人"（子贡）；"知者自知，仁者自爱"（颜渊）。老师也分别给以不同的点评——说子路"可谓士矣"，说子贡"可谓君子矣"，说颜渊"可谓明君子矣"。

孔子常常根据弟子的不同特点，正确引导、扬长避短。

子路是孔子很喜爱的一个学生，他生性鄙俗，崇尚武力，但品行优良，诚心向善，孔子便从多方面对他加以引导、感化。

子曰："由之瑟奚为于丘之门？"门人不敬子路。子曰："由也升堂矣，未入于室也。"尚武之人，其乐自然会流露出刚勇之气，孔子本想借对其瑟之否定来诱使其由武向文过渡，孰料带来的是弟子们对子路的疏远和歧视，可以肯定，子路定会愤然，或弃而不学，或自卑而退缩。在此情况下，孔子以"升堂"褒其成就，以"未入于室"指出其症结，这样，扬之以增强自信，抑之以导其归正，既是激励，也是委婉的劝谕，可谓用心良苦。

子曰："道不行，乘桴浮于海，从我者其由与？"子路闻之喜。子曰："由也好勇过我，无所取材。"

孔子说：我的主张在这里行不通了，打算乘木排到海外去，能跟随我到海外去的，大概只有子路一人吧。子路听了这话非常高兴，但是孔子又说，子路啊，你的勇敢精神胜过我，但你不知道怎么裁度事理。这章涉及两个内容：一个是"义"，一个是"勇"，二者有关联，但并非同一。孔子曾说过"君子有勇而无义为乱"。可见，孔子正是从子路的性格特征出发，嘉其义而抑其勇。

再如：子谓颜渊曰："用之则行，舍之则藏，惟我与尔有是乎！"子路曰："子行三军则谁与？"子曰："暴虎冯河，死而无悔者，吾不与也。必也，临事而惧，好谋而成者也。"

孔子对颜渊说：有用的就说出来，不用的就放在心里不说，只有你我这样的君子才这样！子路说：你行军打仗会和谁一同去？孔子说：遇到危险不怕死的人，我不会和他们一起。只会和遇到危险会害怕，但能想出好办法的人一起去。孔子正是借对颜渊的肯定为诸弟子树立榜样，由于子路爱出风头，想在此转移话题，以得到夫子的赏识。孔子便抓住这一有利时机，对子路的学习重点进行导引：要重智轻力、小心谨慎，不可鲁莽行事，与"闻斯行诸"的教法如出一辙。

孔子的教学方法灵活多样，并有诸多的创新。孔子不仅善于"因材施教"，而且他还采用启发式的教学方法，"循循善诱"。

在整个教学活动中，作为人师的孔子无疑处于传道、授业、解惑的指导地位。然而，任何的学习，只有当学生处在积极主动地探索求知而不是被动地接受的状态中，教学才能最大程度地产生它应有的效果。正是认识到了这一点，所以孔子在组织教学的过程中，主要围绕激发学生学习的积极性和主动性而自觉采取启发式的教学方式，孔子的这一教学方式也是常为后人所称道。

孔子说："不愤不启，不悱不发，举一隅，不以三隅反，则不复也。"愤与悱是内在心理状态在外部容色言辞上的表现。就是说，在教学中先让学生认真思考，已经思考相当时间还想不通，再去启发学生；虽经思考并已有所领会，但未能以适当的言词表达出来，此时可以去开导他。

孔子在教学过程中，经常与学生座谈，以启发他们的思维，让他们发表自己的意见，然后加以评点。

《论语·先进篇》中的一个教学相长的情景，就是堪称经典、能够传之于万世仍然新鲜如初的。一种师生间的坦白与友爱，一种教与学的融洽与欢情，跃然纸上。有一天，子路、曾皙（名点，曾参的父亲）、冉有、公西华四个弟子陪着老师随意地坐着。这时老师孔子先发话说："你们不要以为我比你们大几岁，就认为我了不起。你们平日里好抱怨说'人家不了解我呀！'假如有人了解你们，那你们怎么办呢？"

性格鲁直的子路不等别人答话，便抢先回答："假使有一个有一千辆兵车的国家（春秋时期，这当是一个诸侯中的大型国家了），处于几个大国之间，在强敌环伺之下，又经过连年战争，财政危急，国内又加以灾荒，像这样一个国家如果交到我子路手上，我只要花三年的时间去治理，就可以使这个国家的全体人民，人人都有勇气，每个老百姓都知道如何走好自己的路。"

冉求是一个谦谦君子的形象，他的回答与子路截然不同："只要方圆六七十里或者再小一点的小国家交给我让我来治理，花上三年的时间，我可以使这个国家社会繁荣，人人富足，至于修明礼乐的文化建设，则只好等待高明的人才来着手了。"

仪表端庄的公西赤回答得又有不同："不是说我已经很有本领了，但是我愿意好好学习。在祭祀的工作中，或者同外国的盟会中，我愿意穿着礼服，戴着礼帽，做一个小小的司仪。"

孔子听完以上三人的回答，转过头来问正在鼓瑟的曾点："曾点，你怎么样呢，说说看。"正在悠闲地鼓瑟的曾点听到老师问他，便站起来身来对老师和他的同学们说出了自己不同的想法："我只是想，暮春三月，厚重的冬衣换上轻便的春服，和五六个成年人与六七个十几岁的孩子，一起到沂水岸边晒晒太阳，再上高高的舞雩台上吹吹和煦的暖风，高兴地跳舞欢叫，尽兴了就快快活活唱着歌回家去。"（"暮春者，春服既成，冠者五六人，童子六七人，浴乎沂，风乎舞雩，咏而归。"）人与人和谐为一体，人与自然和谐为一体，而人的内心也便化为一种和谐圆融的世界了。

孔子听罢四个学生的回答，唯独对曾点的回答给以迅速回应："夫子喟然曰：'吾与点也！'"孔子大声地感叹说，我就希望和你一样！子路比孔子小九岁，曾点或许只比子路小一点，冉有比孔子小二十九岁，而公西华最年轻，比孔子小三十二岁。子路长于率军，冉有擅长理财，公西华喜好外交礼节，三人都各有专长，可以做出一番事业来。对于他们的向上与进取，当老师的当然是十分的快慰。但是老师更有着常人难及的洞察，知道有才有德并不能就为世用，被埋没甚至被委屈也是世道的一种常态。所以他才对于曾点的淡泊与超然，表示出了理解和赞同。

这种自由式、平等化、各抒己见的讨论、研究模式，是孔子杏坛教学的一个突出的特色，仅是《论语》一书，就有很多这样的记载。

子贡曰："贫而无谄，富而无骄，何如？"子曰："可也；未若贫而乐，富而好礼者也。"子贡曰："《诗》云：'如切如磋，如琢如磨'，其斯之谓与？"子曰："赐也，始可与言《诗》已矣，告诸往而知来者。"

这是孔子与学生之间的探讨。本来子贡开言就有了很高的境界——贫穷却不巴结奉承，有很多钱却不骄傲凌人，怎么样？老师以"可也"回答，表示赞同，但是又进一步说"还不如贫穷却乐于道，有钱却谦虚好礼"。子贡听了，当然是眼睛为之一亮，但是子贡并不只是佩服与接受，他是在老师的基础上，又有着深的思索："《诗经》上说'要像对待骨、角、象牙、玉石一样，先天料，再糙锉，然后再细刻磨光'，就是说的这个意思吧？"孔子在教学中是表扬与批评并用的，当然他也知道是以肯定与表扬为主。这时，老师高兴地表扬说："赐呀，现在可以与你讨论《诗经》了，告诉你一个道理，你就能有所发挥，举一反三了。"在孔子循循善诱的指导下，弟子们往往有所长进、举一反三。

颜渊季路侍。子曰："盍各言尔志？"子路曰："愿车马衣轻裘与朋友共蔽之而无憾。"颜渊曰："愿无伐善，无施劳。"子路曰："愿闻子之志。"子曰："老者安之，朋友信之，少者怀之。"

这是多名学生与老师在一起的研讨。孔子问几位弟子的志向。子路仗义，他说自己的好东西全与朋友一起使用，用坏了也没有一点遗憾；颜渊的志向则是：自己有了优点长处，并不在心里满足，对别人做了善事，也不在心里感到对人有了恩惠。弟子们说完，子路直率的让老师也说说志向。孔子说出了自己的观点："使老年人都得到安养，使朋友们都相互信任，使青少年都得到照顾。"真是天下为怀啊！

在学习的态度上，孔子更是提出了一系列的著名论点，并惠及后世学子。如以学为乐，主张"知之者不如好之者，好之者不如乐之者"；如学习中的实事求是，主张"知之为知之，不知为不知，是知也"；如虚心好学，主张"敏而好学，不耻下问""三人行，必有我师焉。择其善者而从之，其不善者而改之"；如学以致用，"诵《诗》三百，授之以政，不达；使于四方，不能专对；虽多，亦奚以为？"；如赞赏怀疑精神、鼓励多提问，"不曰'如之何、如之何'者，吾未如之何也已矣"。

孔子还提出了诸多学习方法，至今还在被我们运用。如"学而时习之""温故而知新"，鼓励学以致用和重复记忆；如"多闻阙疑，慎言其余，则寡忧"，提倡学习上的一种怀疑精神；如"欲速则不达"，倡导学习上的循序渐进等。

孔子"有教无类"的教学理念，"因材施教""循循善诱"的教学方法培养出了一大批德行、才学出众的弟子。因此，孔子绝不仅仅是一个通常意义上的教书先生，而是一位附有深刻思想的教育家。

桃李天下

孔子兴办私学的成功，不仅在于他私学的规模超乎前人，更主要的还在于孔子培养出了众多出类拔萃的优秀弟子。史称孔子弟子三千，身通六艺的贤能之士就多达七十二人。

根据《史记·仲尼弟子传》，仅将孔子比较著名的弟子情况简要介绍如下：

颜回，鲁国人，字子渊，亦颜渊，孔子最得意弟子。

颜回家境贫寒，但好学上进，安贫乐道，为人平易谦逊，沉默寡言，才智较少外露。他最能与孔子心心相印，追随孔子周游列国、出生入死而忠贞不渝。

在孔门弟子中，孔子唯独称道颜回最为好学，并赞许颜回"其心三月不违仁"，"贤哉回也！一箪食，一瓢饮，在陋巷，人不堪其忧，回也不改其乐。贤哉回也!"并对颜回说:"用之则行,舍之则藏,唯我与尔有是夫!"他以德行见称,笃信孔子学说,并"闻一知十",领会深刻。

颜回是孔子最心爱的学生。颜回对老师孔子的话"无所不说(悦)",而对孔子的循循善诱更是敬仰叹服之至。然而,颜回二十九岁便已须发全白了,并不幸先孔子而去世。颜回死于鲁哀公十四年(公元前481年),年仅四十余岁。颜回之死令七十一岁高龄的孔子十分悲伤,孔子痛哭悲呼:"噫!天丧予!天丧予!"孔子与颜回的师徒之情犹如父子一般。

今曲阜城北陋巷街有颜庙,亦称复圣庙。曲阜城东11公里防山之南程庄村东北角有颜子林,为颜回及其家族的墓地。

仲由,鲁国人,字子路,因曾任季氏家宰,故又称季路。

子路是"卞之野人",即出身贫贱。子路为人伉直鲁莽,好勇力,事亲至孝。除学诗、礼外,还为孔子赶车,做侍卫,跟随孔子周游列国,深得器重。子路年轻时性格粗野,初时对孔子十分无礼,而孔子设礼对其加以诱导后,遂拜孔子为师。

子路颇具治理政事的才能,孔子仕鲁时,子路出任季氏宰(季孙氏家的总管),并具体实施孔子"堕三都"的主张,受挫后敦促并追随孔子流离他国。子路随孔子居卫期间,曾任卫国的蒲邑大夫,孔子在子路赴任时特意叮嘱他:"蒲邑多壮士,难以治理,所以,应恭敬待人以折服勇者,处事宽正以亲附民众,谦恭正身以报答君上。"子路治蒲三年,治理得井然有序,深受孔子的称赞。孔子对子路虽多有批评,但对子路杰出的政治才能还是很赏识的,如孔子评价子路说:"千乘之国可使治其赋。"

经孔子的训导,子路变得特富自我批评的精神,"人告之以过则喜",喜欢听到别人指出自己的过失,而子路待人亦坦诚率直,即使对老师孔子也是"当仁不让"。子路是孔门弟子中最勇于批评与自我批评的人之一。

子路恪守"长幼之节、君臣之义",与人忠而"不避其难"。子路随孔子归鲁后,先仕于季氏,不久又赴卫任卫国执政大夫孔悝的邑宰。鲁哀公十五年(公元前480年),孔悝被胁迫把当时的废太子蒯聩迎回卫国当国君(也就是卫后庄公)。仲由为了救孔悝而与蒯聩的家臣战斗,结果被打败和杀害,年63

岁。死后受醢刑，即剁成肉酱。

颜回英年早逝后仅一年，追随孔子长达 40 余年的子路又在卫国遇难。晚年不幸失去两位最亲爱的爱徒，无疑是对孔子心灵沉重的打击。

宰予，鲁国人，字子我，亦称宰我，孔子著名弟子，"孔门十哲"之一。

宰予小孔子二十九岁，能言善辩，被孔子许为其"言语"科的高才生，排名在子贡前面。曾从孔子周游列国，游历期间常受孔子派遣，使于齐国、楚国。

宰予思想活跃，好学深思，善于提问，是孔门弟子中唯一一个敢正面对孔子学说提出异议的人。他指出孔子的"三年之丧"的制度不可取，说："三年之丧，期已久矣。君子三年不为礼，礼必坏；三年不为乐，乐必崩"，因此认为可改为"一年之丧"，被孔子批评为"不仁"。另外，他因白天睡觉而被孔子批评为"朽木不可雕也"，为此一著名成语的来由。但孔子也并非完全对宰予持负面看法，他曾说："吾以言取人，失之宰予"，可见，虽然孔子对宰予言语上的一些看法不赞同，但仍肯定他的为人。宰予最后死于齐国的田常之乱。其墓在今曲阜城东 3 公里古城村南约 500 米处。

闵损，鲁国人，字子骞，在孔门弟子中以孝行著称。

相传，他年少丧母，曾受到继母的虐待。一次，他在冬天为父亲驾车，因衣着单薄，被冻得手握不住缰绳，被父亲发现衣着太单薄，而回家后却见后妻的儿子衣着甚温厚，一气之下要赶走后妻，却被闵子劝止。所以，孔子格外称赞闵子：孝哉闵子骞！

闵子骞为人刚正不阿，鲁国执政大夫季孙氏曾想请他任费邑宰，但他因与季氏政见不合，所以坚决拒绝这一邀请，并说：季氏再来找他，他便逃走。由其"不仕大夫，不食污君之禄"的铮铮风骨可知，闵子不愧是孔子"德行"科的高足。

闵子骞坟墓在今天山东省济南市百花公园内。

端木赐，卫国人，字子贡。

子贡利口巧辞，善于雄辩，办事通达，曾任鲁、卫两国之相，是孔门弟子中最富于外交才能的学生之一，深得孔子的器重。子贡曾多次陪同鲁国君臣参与外交活动。据《史记·仲尼弟子列传》载，田常（陈恒）欲作乱于齐又害怕高、国、鲍、晏四家贵族势力，所以想调遣四家的兵力伐鲁。为了劝止田常伐鲁，孔子派子贡前往齐国游说田常，继而又去游说吴王、越王、晋君，利用各国的矛盾计诱各国交兵争霸，结果"子贡一出，存鲁，乱齐，破吴，强晋而霸越。于贡一使，使势相破，十年之中，五国各有变。"

子贡不仅富有外交才能，而且擅长经商致富，是孔门弟子中最富有的学生。据《史记·货殖列传》："子贡结驷连骑，束帛之币以聘享诸侯，所至，国君无不分庭与之抗礼。夫使孔子名布扬于天下者，子贡先后之也。此所谓得势而益彰者乎！"正是子贡杰出的政治外交才能及其无人能比的财势，使孔子的声名大大地显扬于天下。也正因如此，当时有人便认为子贡贤于孔子，甚至有人诋毁孔子，在这种时候，子贡总是挺身而出，极力维护孔子的伟大声名："仲尼不可毁也。他人之贤者，丘陵也，犹可逾也；仲尼，日月也，无得而逾焉。"

孔子去世后，弟子们为孔子服丧三年，唯独子贡又继续为孔子守墓三年，以表达对恩师最深切的哀思。子贡晚年居留、终老于齐国。

言偃，吴国人，字子游。孔门72贤弟子中唯一南方弟子。子游是孔门晚期的几位杰出的少年弟子之一，以谙习文献典籍著称。

他曾在鲁国做官，出任武城的邑宰，极力推行礼乐教化。有一天，孔子路过武城，听到琴瑟歌咏的声音，很高兴，就微笑对着他说："杀鸡何必要用宰牛的刀？"（意即何必用礼乐教化的大道理治理这么一个小地方）言偃听了回答说："从前我常听老师说'在位的学了礼乐之道，就能爱民，普通人学了礼乐之道，就很容易听从教令，好治理'，我现在就是实行这样的教化啊！"孔子听后，对随行的弟子们说："你们听听，他讲得很对。我刚才说杀鸡岂用牛刀，只不过是跟他开开玩笑罢了。"

子游的思想在孔门弟子中也是特别富有理想主义色彩的，他主张对待君主和朋友，以及居丧，都不必拘泥于琐屑的具体礼节。子游被列为孔门四科十哲（文学科）之一，他的后学在战国时期形成了儒家的一个门派。

冉耕，鲁国人，字伯牛。

冉耕在孔门弟子中以德行著称。然不幸身患恶疾，孔子前去探望他，从窗户里握着他的手并十分痛惜地说:"这是命呀!这样的人却得了这样的病,这是命呀!"("亡之,命矣夫!")

冉雍,鲁国人,字仲弓。冉雍不善舌辩而以德行著称,与颜回、闵子、冉耕同列一科。

冉雍出身低贱,其父为"贱人"。孔子对他的政治才干十分器重,认为他虽出身低贱,但不会因此就不被人重用。孔子对其有"雍也可使南面"之誉。这是孔子对其他弟子从来没有的最高评价。

冉雍曾做过季氏宰,并向孔子请教为政之道,孔子教导他三个要点,即:"自己做出表率,原谅他人的小过失,举用贤才。"

冉求,鲁国人,字子有。冉有多才多艺,是政治、军事才能最杰出的孔门弟子,深得孔子的赏识

孔子称赞冉求:"千室之邑,百乘之家,求也可使治其赋。"

冉有做季氏宰,孔子对他寄予了厚望,季氏欲"用田赋"而使冉有前去询问孔子的意见,孔子不赞成而不作答,但又希望冉有能阻止季氏,结果冉有没按孔子的意思去做,以至令孔子十分生气.声言冉有"非吾徒也",并号召学生"鸣鼓而攻之,可也。"

冉有做事总是退让,孔子便激励他敢作敢为。冉求曾对孔子讲:"我不是不喜欢您老人家的理想和主张,只是我力不从心,难以企及。"孔子便训导他说:"力量不够的话,会半途而废。你的问题却是根本不想去做。"冉求终究不愿逆当权的季氏而推行孔子的政治主张,但他仍不失为孔门最杰出的政事弟子。

曾参,鲁国人,字子舆,曾点之子。曾参是孔门晚期的著名弟子之一,素以孝行著称,名列"二十四孝"。

曾参是孔子得意门人,他的思想主要承传孔子,而于孔子学说领悟较深,能得其旨要。他重视仁德,提倡孝道,主张内省。

有一次,曾参的妻子要到集市上办事,年幼的儿子吵着要去。曾参的妻子不愿带儿子去,便对他说:"你在家好好玩,等妈妈回来,将家里的猪杀了煮肉给你吃。"儿子听了,非常高兴,不再吵着要去集市了。这话本是哄儿子说着玩的,过后,曾参的妻子便忘了。不料,曾参却真的把家里的一头猪杀了。妻

子从集市上回来后，气愤地对丈夫说："我是哄儿子说着玩的，你怎么就真把猪杀了呢？"曾参说："孩子是不能欺骗的！他不懂事，还没有辨别能力，接触到的是父母，所以什么都跟父母学。你现在哄骗他，等于是在潜移默化地教他学会欺骗。再说，你现在欺骗了孩子，孩子以后自然也就不相信你了，你以后还怎么教育孩子？"

这便是曾参杀猪示信的故事。

孔子的孙子孔伋（字子思）正是曾子的学生，而战国大儒、被后世尊为"亚圣"孟子（名轲）又是子思的私淑弟子，后世多认为思孟学派深得孔学的真传，故合而尊称为"孔孟之道"。

相传曾参著有《孝经》和《大学》。在孔门中被视为道统的继承者，被后代统治者尊为"宗圣"。今嘉祥城南20公里南武山南麓有曾庙，又称宗圣庙。

卜商，卫国人，字子夏，与子游前列入文学科。

子夏是孔门晚期的几位杰出的少年弟子之一，以精于文献典籍著称。他教人致知求仁的方法："学识要广，志向要坚定，凡事要细心去问，要从浅近处去思考，以类推于远大地方，仁道就在这里面了。"西河地方之人，将子夏作为孔子看待。据说《毛诗》之学，是由子夏传下。门人甚众，《论语》一书疑多出于他和门人手撰。

公元前476年，他受邀赴晋国创办了一所学堂并在那里教了55年书。他生前的许多学生后来成为春秋时期很有影响的思想家和政治家，因此他的影响很大。他的后学在战国时期也形成了儒家的一个门派。

"仕而优则学，学而优则仕。"这是子夏的句名言。

颛孙师，陈国人，字子张。

子张出身微贱，且犯过罪行，经孔子教育成为"显士"。他也是孔门晚期的一位著名的少年弟子。他认为读书人必须坚持自己的道德信念，应该"见危致命，见得思义"。

他与人交往宽宏豁达，喜欢同比自己贤能的人交朋友，主张"尊贤容众"。他在与朋友相处过程中能做到不计较过去的恩怨，就是受到别人的攻击、欺侮也不计较，故被称为"古之善交者"。他又办事勇武。在孔门弟子个是忠信的楷模，后人称有"亚圣之德"。

孔子去世后，子张回到陈国讲学，宣扬儒家学说，是"子张之儒"的创始人。其后学也形成了儒家的一个重要门派。

澹台灭明，鲁国武城人，字子羽。

（明）赵孟頫：《三圣图》中为孔子，左右为颜回、曾参

子羽相貌丑恶，初欲拜孔子为师，孔子以为他没有才能。经子游的介绍，孔子收他为徒后，子羽潜心修行。孔子后来发现子羽其实是一位品行端正的人，于是改变了对子羽的看法，并深有感触地说："吾以言取人，失之宰予；以貌取人，失之子羽。"

孔子去世后，子羽南游楚国，随行的弟子多达三百人，名振诸侯。

澹台灭明死后，南昌人民为他立祠立墓祭祀，并设立澹台门以表纪念，进贤县也因他南游至此而名。

有若，鲁国人，字子有，亦称有子。有若是孔门晚期的著名弟子之一。

有若曾是鲁大夫微虎私家所养的勇士，鲁哀公八年（公元前487年），吴王夫差帅师侵鲁，兵临泗上（泗水边），于是微虎从其私家徒属中挑选出三百名勇士，组成敢死队，准备夜袭吴王，有若便是其中的一位勇士。吴王闻讯，急忙后撤，一夜间迁徙三次驻地。

有若师从孔子后，成为孔子晚年的一位得意门生。有子提出过几个著名的论点：其一，有子认为一个人为人孝悌便不会犯上作乱，所以说："孝弟（同'悌'）也者，其为仁之本与！"即孝悌是仁道的根本或基础。其二，有子认为礼的作用贵在能促进社会政治生活秩序的和谐，而这正是先王制作、推行的和美之道，所以说："礼之用，和为贵。先王之道，斯为美。"其三，有子在答鲁哀公问政时，还提出过"百姓富足，国君的用度也就会足；百姓不富足，国君的用度也就不会足"的著名政治主张。以上三点，很能契合孔子政治学说的精神。

孔子去世后，弟子们十分思念仰慕孔子，因为有子相貌似孔子，弟子们曾经想推立有子做老师，像尊师孔子那样师从有子，然而，有子毕竟不是孔子，弟子们最终还是打消了尊有子为师的念头。有子本人也曾这样表达自己对老师孔子的仰慕之情："圣人之于民也，亦类也。出于其类，拔乎其萃，自生民以来，未有盛于孔子也。"

第五章　孔子思想传承

孔子是中国思想发展史上继往开来的文化大师。他在历史上的最大贡献是创立了儒家学派。

儒家学派在孔子时代，已有了很大发展。相传孔子有三千弟子，其中身通六艺者就有七十余人。孔子死后，其弟子开始在各诸侯国开门办学，传道授业。由于不同弟子对孔子学说的理解互异，儒家学派开始分化。到战国后期，韩非已有儒分为八之说。这种学派的分化，是儒学发展的必然趋向，这一趋向向人们展示了儒家文化的生命力。

孔子创立儒家，其意义不仅在于一个学派的诞生，而且由于儒家讲学之风的影响，促成了诸子争鸣的形成和百家的诞生。墨、道、兵、名、法等家相继出现，带来了中国学术繁荣的第一个高潮。所以孔子为活跃春秋战国时代的学术气氛，为促进中国学术的发展，做出了积极的贡献。

儒学发展史大致可分为六个时期，即先秦儒家、两汉经学、魏晋玄学、宋明理学、清代朴学和现代新儒学。

儒学历史传承

公元前 221 年秦始皇建立第一个中央集权制封建国家。他接受李斯建议，焚书坑儒，以吏为师，独尊法家，阻碍了儒学以至文化的发展。

汉兴，高祖刘邦为起自民间之草莽英雄，以马上得天下，自以为亦可以马上治天下。故而鄙夷儒学，羞辱儒生之事亦时有发生。在思想领域，官方提倡黄老之术。

到汉武帝时，儒学终于峰回路转。这时出现了一位著名的儒学大师——董仲舒，他向汉武帝提出了"罢黜百家，独尊儒术"的建议，并为之采纳。儒家从百家中的一家变为一家独尊，孔子由诸子中的一子变为至尊的先师。儒学由民间的学术流派，一举占据了官方学术的地位，并使这一地位保持了长达两千年之久。

孔子开创的儒学，从此以经学的形态出现，并出现了今古文经之争。

今古文经之争是两汉儒学发展的一件大事。开始于西汉末，贯穿于整个东汉。所谓今文经学，是经学中研究今文经籍的流派，所据经典用汉代当时流行的文字写成。今文经学家认为孔子删定"六经"，作托古改制的手段，立万世不易之法，故为经学的始祖。所谓古文经学恰与今文经学相对，以训解古文经籍为特征，与今文经籍的隶书写法迥异，所以称古文经。古文经书多出于鲁壁。鲁壁在曲阜孔庙，孔子故宅井之后。秦始皇焚书时，孔子九代孙孔鲋将《论语》《尚书》《孝经》等经典简册砌于墙壁中，得以幸免。汉景帝时，鲁恭王刘馀扩建宫室苑囿，折毁孔子故宅，始发现简册，称"古文经书"。王莽建新朝时，采纳刘歆的建议，立古文经学博士，以排斥今文经学，自此开始经学上今文、古文二派的论争。

今古文经的区别很明显，古文经学以字义讲经文，训诂简明；迷信成分少或者排斥迷信，遵经尚古，与现实无密切联系。今文经学解一经上百万字，十分繁琐，且穿凿附会；其迷信内容较多，阴阳五行化倾向明显；但能迎合时务，为汉朝统治者服务。

董仲舒就是一位"今文经学"者。

西汉大儒董仲舒的学说，不仅接受和发扬了荀子关于礼法并重、刑德兼用的理论，而且还大量吸收了墨家"兼爱""尚同"的理论，乃至墨家学说中某些带有宗教色彩的思想。而更为突出的是，在他专攻的春秋公羊学中，充满了阴阳家的阴阳五行学说，并使阴阳五行思想成为汉以后儒家学说中的一个重要组成部分。董仲舒这里所说的"孔子之术"，显然已经不是原来的孔子学说，也不是原始儒家学说，而是经过他和汉初其他儒家学者发展了的，吸收了墨、道、名、法、阴阳等各家学说之长的，董仲舒心目中的"孔子之术"。

儒家为统治者所钟情，并不能代表他们在思想领域始终能独领风骚。魏晋时期，玄学兴起，奉《周易》《老子》《庄子》为三玄，用道家思想解释儒家经籍。

儒学向着内道外儒的方向发展，其特点是尚自然，崇名教，儒道结合。

刘勰是我国历史上最早的文学理论家。他幼时家贫好学，投靠著名沙门僧侣，十多年的寺院生活，使他不但精通佛理，而且兼通儒学，很受昭明太子萧统的器重。他著有《文心雕龙》一书，反映了作者的文学思想，在书中他提出"文原于道"的观点，是对孔子兴、观、群、怨的文学观的继承。刘勰认为除观察客观事物外，还要向圣人学习。他把"自然之道"与儒家之道糅合为一体，《文心雕龙》前三篇《厚道》《徵圣》《宗经》就是要人们向圣人和儒家经典学习。

经学发展到南北朝时期则表现出地域的不平衡性。南朝人解经，探求义理，精通简要；阐发经义，贵有心得。北朝人解经，注重章句训诂，深繁广博，墨守东汉经师家法，崇尚郑玄之学。总之，魏晋南北朝儒学发展有着文化融合和多元化倾向。

到了隋唐时期，佛、道盛行，儒家伦理规范仍占主导地位，基本形成儒、道、佛并立局面，并趋向合流，为宋明理学做了准备。

唐太宗提倡儒学，他认为儒学师出多门，章句繁杂，于是令孔颖达撰《五经正义》，颜师古订《五经定本》，与政治上全国统一相呼应，实现经学统一。孔颖达奉诏撰定，凡一百八十卷，是朝廷颁行的官书。此书使经学统于一尊，即《五经正义》。儒家内部争斗不决的各宗派自然熄灭。唐代用其书为科举取士标准。颜师古奉诏考定《五经》文字，多所订正，撰成《五经定本》，颁行后，诸经文字完全统一，不再有因文字不同解释各异的弊病。唐开成年将统一后的儒家经典《十二经》包括：《诗经》《尚书》《周易》《周礼》《仪礼》《礼记》《左传》《公羊传》《谷梁传》《孝经》《论语》《尔雅》镌刻于当时的京城长安，成为后世著名的西安碑林。到宋代列《孟子》为经，才形成《十三经》。

宋明占统治地位的是理学，理学又称新儒学，是先秦原始儒学的复兴。玄学兴起，佛学传入，给中国思想注入了生机。经七八百年之发展，佛学终于为儒学消化，吸收了。理学是以儒学为主体，消化、吸收佛学的结果。这一步吸收确立了儒学长达七八百年在思想领域的统治地位。理学是以思孟学派为基础、吸收佛教和道家思想而产生的偏重于哲理的新儒家学说。治经多以阐释义理，兼谈性命为主。

理学的奠基人为北宋五大家，即周敦颐、邵雍、程颢、程颐、张载。周敦颐是宋代理学家中最早的一人，著有《太极图说》和《通书》两种。他的学说的主要组成部分，是关于无极太极以及阴阳五行的运转变化等。周敦颐的学说建立了以孔子、孟子正统思想为主的客观唯心主义的本体论，对以后理学发展影响很大。

南宋理学的发展，形成以陆九渊和朱熹为代表的两大派别，从主客观两方面丰富了理学的内容。朱熹是南宋时期最大的理学家，集理学之大成，构成程朱理学体系，对后世影响极大。陆九渊，继承了孟子主观唯心主义思想，同时接受佛教禅宗的基本观点，创立宋明道学中"心学"一派。

南宋陆九渊开创的心学，当时只是一个不大的流派，明代中期，王阳明将其思想发展为精细完备的体系，形成陆王心学，影响颇大，流传至日本。王阳明是明朝著名的哲学家，教育家。初潜心于程朱理学及佛学，后转攻陆氏心学。其学问可概括为"心即理""知行合一""致良知"三句话。

宋明清性理之学对儒学的重大发展，是与它积极吸收和融合玄学、佛教、道教的理论为己所用分不开的。宋明性理学的兴起和发展，确实在相当程度上恢复了儒学作为伦理道德、身心修养层面的社会功能，从而与作为政治制度层面的儒学相呼应配合，进一步强化了儒学在社会政教两方面的功能。宋明以后，儒学这种两个层面两种社会功能的一致化，使得许多本来属于伦理修养层面的问题与政治制度层面的问题纠缠在一起而分割不清。而且由于伦理修养层面是直接为政治制度层面服务的，常常使得本来建立在自觉原则上的规范，变而为强制人们接受的律条。而这种以"天理""良心"来规范的律条，有时比之明文规定的律条更为严厉。

至明末清初，思想家们对几百年占统治地位的理学开始了批判总结、自我反省的工作。他们反对空谈，倾向于"经世致用"之学，著名的有王夫之、黄宗羲、顾炎武。三位学者都批判宋明理学。以恢复孔孟正统相号召。

顾、黄的考据开清代汉学风气。继之者有阎若璩、胡渭。乾嘉时，考据风大盛，考据成为一种专门学问。对象以经书为主，当时考据学者分吴、皖两派，他们在整理、校勘和保存古文献方面很有成绩。

清中叶以后，各种矛盾日趋尖锐。以庄存与、刘逢禄为代表的常州学派继承今文经学传统，发挥春秋公羊学，议论世事，干预朝政，推动了今文经学的复兴。

孔子所开创的儒学，经过了先秦的原始发展阶段，汉代的经学阶段，宋明的理学阶段，至明末清初，始受到批判和怀疑。这种批判和怀疑的呼声尽管十分惊人和胆大，但其影响是十分微弱的。它丝毫没有动摇程朱理学的正统地位，也未能动摇孔子的历史地位。随着满清贵族入主中原，理学地位反而得到了进一步的加强。

儒学近代命运

在长达两千多年的封建社会中，孔子作为中国文化的集大成者，以至圣先师的身份，以文宣王的政治地位，受到历代统治者的尊崇，知识分子的供奉，民众的归依。孔子在一般民众心目中，就是圣人的代名词，是完美道德的体现者，他的思想和学说成为了判断是非的标准和价值尺度。但晚清之后，孔子及其学说的这一历史地位开始动摇了。

十九世纪中叶以后，随着中国封建制度的开始解体，当时以性理学为代表儒学也走向了衰落。此时，在外国资本主义的武力、经济、政治、文化的侵略和渗透下，中国面临着亡国灭种的危急局面，一大批先进的中国人奋身而起，为救亡图存而斗争。而此时的儒学，不管在制度层面还是在思想意识层面，都在相当程度上起着阻碍社会改革和进步的作用。儒学在西方经济、政治、文化的冲击下，遭到了激烈的批判，从而到了不进行变革就无法继续生存下去的局面。

康有为是中国近代最早、最有影响的资产阶级启蒙思想家之一。戊戌变法运动期间，康有为以孔子学说的真正继承者自居，打着托古改制的旗帜，借用儒学，特别是抬出孔、孟来宣传其维新变法的理想。康有为的手法极为简单便捷，他给儒学施以外科手术，取出其躯壳内那些衰竭的内脏，植入他从西人那里拿来的器官，然后宣布儒学是一个新人，思想开明，顺乎潮流，而且自古亦然。他借助今文经学的形式，运用西方资产阶级民主、平等、博爱的观念，对传统儒学进行改造。一方面在宣传当时西方社会政治理论和哲学思想时，总要引经据典地到中国传统儒家孔、孟的学说中去寻找合适的言论，以证明他所推行的那些社会改革方案也正是我国古代圣贤们孜孜以求的理想；而另一方面，他也对儒家孔、孟学说做了许多新的解释和发挥，使其符合于当时人们所了解的西方文化，并以此证明他所推崇的传统儒学是完全合乎时代潮流的。

在康有为的心目中，孔子是"托古改制"的教主。就是说孔子在当时是托尧、舜、禹、汤、文、武、周公的名义，以改周制，用以推行自己的政治主张。孔子还是"与时更化"的圣王。"与时更化""因时推移"是孔子的本质。他甚至认为孔子早就主张君主立宪，民主共和。他还以他的幻想去改造孔子的大同理想。康有为依照西方文化的标准去改造孔子及其学说，力图将孔子及其学说近代化，使孔子为现实服务。这样他就将自己的思想贴上孔子的标签，加以鼓吹，以减轻非圣无法的社会压力和政治压力。

康有为对于儒学，特别是原始儒学孔、孟思想的崇拜和信仰是不容置疑的。他认为，传统思想文化中有某些基本的东西是绝对不能去掉的。但同时他又是一位主张变革维新的人。尽管他反对彻底取消君权的民主共和制，但他也反对固守封建君主专制主义，而主张资产阶级的改良主义和君主立宪制。所以，康有为自始至终是借儒家孔、孟思想来宣传西方近代民主思想的，而不是为君主专制主义作论证的。同时，在康有为把儒家孔、孟思想与近代西方民主政治学说和哲学理论联系在一起的过程中，虽然有许多生搬硬套、牵强附会、乃至幼稚可笑的地方，但是也不能否认，其中多少包含着某些为使传统儒学向现代转化的探索和努力。

知识分子对儒学的口诛笔伐已经使儒学不再成为坚不可摧的城堡，而随后制度的变革则给儒学带来了巨大的灾难。在中国封建社会后半期，儒学的权威地位很大程度是靠科举制度支撑的，而1905年科举废除后，广知识分子再无必要以通晓儒家经义作为进入仕途的敲门砖。这根指挥棒一旦被抛弃，儒学就失掉了制度的依托。而随着新式学堂的普及，中国新一代知识分子所受教育的内容以及知识结构发生了历史性的巨大变化。在新式学堂，经学只是课程之一，于是，儒学遂从主流地位退出，日益边缘化。

如果说戊戌变法时期，孔子还保持了名义上的教主地位，那么至辛亥革命时期，孔子已降身为一位历史学家和教育家了。显然，在中国，"圣权"出于君权的赐予，是离不开君权的。因此，一旦帝制推翻，"圣权"势必要随之扫地。概言之，在辛亥革命后，孔子和儒学又失去了政治上最有力的支持、庇护者。

辛亥革命推翻统治中国长达两千年之久的封建专制政权，但并没有在中国建立真正的民主共和国，国家的混乱、落后，政治的黑暗和民族危机依然如故。曾几何时，封建复辟的浊浪泛滥成灾，先是袁世凯撕去民主的伪装，公开做了皇帝，后是张勋扶持逊位的宣统皇帝重新上台。令人感到奇怪的是伴随着每一次封建复辟闹剧的上演，尊孔读经也喧嚣一时，这二者的相伴而行，激起了一批锐意革新的知识分子对儒学强烈的批判意识，一些激进思想家敏锐地感受到：要在中国建立一个真正近代意义上的资本主义民主共和制国家，彻底摆脱中国政治、经济和思想文化的落伍状况，必须彻底清算儒学，来一番思想启蒙。

"儒教不革命，儒学不转轮，吾国遂无新思想，新学说，何以造新国民？悠悠万事，惟此为大已！"1915年，陈独秀主编的《青年》在上海刊行，后搬到北京，改为《新青年》。《新青年》高举民主与科学的旗帜，提出"打倒孔家店"的口号，从而揭开了新文化运动的序幕。

陈独秀、李大钊、鲁迅、胡适、钱玄同、刘半农、吴虞等新文化运动的主将首先把批判的矛头指向儒学，尤其对儒学千百年来所反复论证和竭力维护的封建纲常名教大张挞伐。

陈独秀率先把矛头指向"儒者三纲之说"。他说："儒术孔教非无优点，而缺点则正多。尤与近代文明社会不相容者，其一贯伦理政治之纲常阶级说也。此不攻破，吾国之政治、法律、社会道德，俱无由出黑暗而入光明。"他指出，千百年来推行三纲五常的结果，是"民于君为附属品""子于父为附属品""妻于夫为附属品""缘此而生金科玉律之道德名词，曰忠，曰孝，曰节，皆非推己及人之主人道德，而为以己属人之奴隶道德也"。他"以为宗法社会之道备，不适于现代生活"，号召人们将它人"完全洗刷得干干净净""否则不但共和政治不能进行，就是这块共和招牌也是挂不住的"。

被胡适誉为"中国思想界的一个清道夫"的吴虞，更是一名鞭笞封建纲常名教的健将。他号召人们赶快觉醒，不要再充当封建礼教的牺牲品，不要"为纲常礼教而生"，并阐明了封建伦理道德与专制制度的关系，把"孝悌"之类视为"两千年来专制制度与家族制度联结之根子”，认为礼教严重扭曲了人民的心灵，“把中国弄成一个制造顺民的大工厂”。吴虞对儒学——特别是礼教的冲击，在当时起到了振聋发聩的作用。

而鲁迅，则以小说的形式来控诉礼教，他的《狂人日记》深刻揭露了礼教的吃人本质，撕下了“仁义道德”的伪善画皮。

新文化运动这些主将们之所以如此坚决地反孔，提出“打倒孔家店”的口号，一方面是因为孔子崇拜与儒学独尊是相互联系的，孔学在某种意义上就是儒学，儒学在某种意义上就是孔学，不打倒孔子这尊偶像，就不可能打倒儒学的权威；另一方面就是孔子早已“非复个人名称”，而成了“专制政治的灵魂”“保护君主政治之偶像”。

1917 年 1 月，胡适在《新青年》发表《文学改良刍议》，提出“八不主义”，倡导“活文学”，是整个白话文运动的滥觞。同年 12 月陈独秀在《新青年》发表《文学革命论》，提出“三大主义”与之呼应。白话文对文言文的取代使儒学遭受了最后的致命打击。在此之后，儒学经书的文字就逐渐成为一种连一般知识分子也难以通晓的文字，这一巨变势必使儒学与中国知识分子渐渐远离。

五四之后，儒学不再是中国思想文化的主流。在中国思想文化的大格局中，它日益边缘化。在此之后，儒学的地位已降为诸子百家之一，它不再是中国人普遍崇信的对象，而只是少数人研究的对象。

孔子的近代命运是相当悲凉的，也是相当不公允的，甚至可以说孔子是代人受过。众所周知，在几千年的中国封建社会中，真正起作用的是韩非、董仲舒、朱熹等人的思想。这一点，就连新文化运动的领袖们的心里也十分清楚。这就更增加了孔子的悲剧色彩。

上世纪六七十年代的文化大革命，使孔子的声望跌到了谷底。在“批林（彪）批孔（子）”运动中，孔子故里曲阜的孔庙、孔府和孔林被打砸洗劫。

“文革”的结束，使沉寂已久的儒家思想在中国重新焕发生机。继九十年代学术界出现儒学热后，近年，孔子及其儒家经典对中国人生活的影响更加广泛深入，成为加速迈向国际化的中国一大文化现象。

在中国的一些公办学校，教师和学生重新在孔子像前鞠躬，《论语》以及体现孔子思想的儿童启蒙读物《弟子规》《三字经》等甚至进入课堂，被小学生们诵读。许多家长认为，让孩子学好外语和接受儒家经典熏陶同样重要。

北京师范大学教授于丹著的《〈论语〉心得》，去年推出后一直在畅销书排行榜上名列前茅，销量超过《哈里·波特》。

2004年以来，中国政府鼓励在全世界建立"孔子学院"推广汉语及中国文化，迄今已经建成182所，到2007年年底预计将超过200所。

"不能只让外国人在孔子学院学习我们的汉字，还要让他们领会中国和谐文化的精髓。这是最主要的。"季羡林说。

走向世界的儒学

孔子是公认的世界伟人。以孔子为代表的儒家文化，不靠武力，不靠政府政治背景，仍能远播海外，以伟大的人文精神——仁道、和谐、中庸之道，辐射到周边国家，形成了广大的儒教文化圈。这充分说明了孔子思想不仅对中华文明，而且对世界文化都产生了极大的影响。早在汉唐时期，孔子的思想就远播朝鲜、日本、东南亚诸国。18世纪以来，他的思想又颇受欧洲启蒙思想的青睐。时至今日，孔子思想依然为世界各国文化的研究者所注目，也为一些地方的政治家所重视。

受中华文化影响最早的是日本。

孔子思想在日本的传播至今大约已有一千七百年之久。可以说是源远流长，影响极大。孔子思想对日本社会生活的各个领域几乎都有影响，他在日本的影响不亚于在中国本土。

中日交往，在战国时期已经开始，秦始皇为求长生不死之药，派徐福出海。徐福东渡日本（相传在歌山县新宫市有徐福墓），把中国的《诗》《书》也带到了日本。（不过有人认为这只是传说）

孔子思想传入日本是在日本应神天皇十六年，相当于西晋武帝太康六年（公元285年），这一年百济使者阿直歧荐博士王仁献《论语》十卷、《千字文》一卷至日本。据说这是儒学传入日本最早的确证。王仁在宫廷中讲学，向贵族子弟传授儒学知识。公元7世纪，日本圣德太子依儒家政治思想为基础，制定了十七条宪法。孔子思想传入后为日本朝野所接受，并很快扎下了根，而且结合日本国情不断向前发展，逐步与日本国固有的文化、思想融为一体。

隋唐时期日本多次派遣留学生，学习儒学。受孔子大一统思想影响，日本在七世纪中叶成功地进行了政治改革——大化改新。日本社会从此开始过渡到封建社会。这次改新的幕后指导者就是在中国留学达二三十年的大儒学家高向玄理和僧旻。大化革新后，孔子的地位进一步提高。大宝令明文规定：大学和国学必须在每年春秋两季的仲日举行祭祀孔子的活动，不久这一祭礼成为社会活动，王公贵族也出席祭孔，使祭孔礼仪更加隆重。这时候，儒家经典《周易》《尚书》《周礼》《仪礼》《礼记》《毛诗》《左传》《论语》《孝经》等成为大学之教科书。孔子在国外的这种隆遇完全可以同当时的中国所受到的重视相比。

大化改新之后二百年间，日本派出遣唐使十九次之多，极力输入唐文化，发展儒学教育，传播孔子思想，并设立大学寮，举行释奠以祀孔。

江户时代（1603—1867），德川幕府执政，大力提倡儒学，用行政命令的方式严禁"异端"的存在，儒学成为官方的意识形态，孔子思想在日本空前兴盛。统治者带头学习儒家经典，兴办儒学教育，建孔庙以祭祀孔子，输入及刻印儒家经典，从事儒学研究。儒学教育的发达，培养出大批人才，促进了日本的学术繁荣。正是在这个时候，日本的儒学开始分化了。朱子学派、阳明学派、古学派、折衷学派相继出现，把儒学推向了鼎盛时期。

朱子学又称宋学或性理之学，13世纪传入日本，并受到日本学术界的高度重视。像藤原惺窝、林罗山、元禄等都是研究朱子学的著名代表。林罗山是日本朱子学的奠基人，他曾任幕府顾问，讲解儒家经典，负责制订礼仪、法令，为朱子学成为官方学说做出重要贡献。他认为日本的固有神道思想与朱子学是相吻合的，因而他坚持神儒合一说。这一学说实质上是想使中国的朱子学日本化。

阳明学派即王阳明学派。王阳明是中国明代的哲学家，他早年研究朱子学，后来走上了背叛朱子的学术道路，以倡导"知行合一"和"致良知"而闻名天下。在日本，中江藤村是阳明学的有力倡导者。他早年是一位朱子学者，直到37岁始阅读阳明之书，转向阳明学。但阳明学始终未得到官方的认可。

除朱子学和阳明学之外，在日本还有古学派和折衷学派。古学派认为朱子学和阳明学过分重视了主观修养，忽略了原始儒学的真精神。因而这个学派坚决反对朱子学和阳明学，尤其反对朱子学神道化，以直追孔孟，恢复孔孟之本来面目为己任。山鹿素行、伊藤仁斋是古学派的著名代表。折衷学派是要在朱子学、阳明学、古学派之间，选择其优点，折衷其学说。然而折衷学派融会有余而创造不足。

1868年，明治维新之后，日本在东亚率先走上了资本主义的发展道路。西方近代思想在日本大行其道，儒学作为官方意识形态的局面不复存在。然而这并不表明日本的儒学彻底绝迹。它已作为日本文化的构成部分，与日本文化融合汇流了。孔子在日本人的心目中依然占有很高的地位，儒家学说依然受到日本学术界的重视。

二十世纪以来，尤其是近三十年中，日本成为除中国之外，在世界上研究儒学最为发达的国家。日本化的儒学，深刻影响了日本社会的发展，长达一千多年之久。可以说，孔子思想至今在日本仍有着潜在的、不可估量的活力。日本的儒学已经融入日本人的思维方式、行为情感及生活方式之中，成为日本民族性的重要组成部分。

韩国是受儒学影响最深的国家。

朝鲜与中国陆路接壤，其南端又与山东半岛隔海相望，较易接受儒家思想影响。中国与朝鲜的交往，从周灭商之后，箕子到朝鲜就开始了。公元1世纪至7世纪是朝鲜三国鼎立时代，高句丽、百济、新罗三国都与中国保持着联系，此时，孔子思想的传播已经有史籍可查了。公元前372年，高句丽依照中国的制度建立了太学，以儒家经典教育贵族子弟，并派留学生来中国学习。百济也是接受儒家思想比较早的国家，并一度充当了中日文化交流的桥梁。新罗与中国关系亦十分密切，它在中国的帮助下，统一了朝鲜。新罗时期相当于中国的盛唐时代，中朝友好往来频繁，孔子思想在朝鲜大为发展。新罗朝实行科举取士和祭祀孔子，向中国派遣大量的留学生，数量一次多达一、二百人，其中崔致远名声最大。圣德五十六年（公元717年）秋，朝鲜在太学里奉供孔子，孔子开始被神化。

明洪武二十五年（1392年）李成桂推翻了王氏高丽，建立李氏朝鲜，其间五百年，理学成为了正统的学术思想，三纲五常成为人人必须遵守的"天理"。孔子被称为"素王"，儒教被视为"国教"，儒家思想在朝鲜的传播进入了鼎盛时期。儒家思想在朝鲜得到了空前的发展，以至于影响了朝鲜民众的风俗习惯，思想风貌和心理状态。

十七世纪初叶，朝鲜产生了实学学派，反对儒家"空理空谈"形式主义，主张研究实际事物以探求真理，形成了对儒学的巨大冲击。但是实学本身也有弱点，缺乏群众基础，其主张只停留在空想，而并未采取行动，因而对封建统治的基础影响不大。

宣统二年（1910年），李朝灭亡，日本占领朝鲜，朝鲜的封建制步入末路，而儒学的统治地位也开始逐渐丧失。新式学校兴起，科举被废除。

第二次世界大战以后，南北朝鲜对儒学的研究都比较重视，设立了专门的研究机构，开设儒学课程，整理出版儒学古籍，编撰论述儒家思想。

儒学对朝鲜的影响是深刻和巨大的，时至今日，儒学在朝鲜仍有一定的市场。孔子在韩国被尊为"大成至圣文宣王"，千百年来，韩国每年都举行盛大的"释奠大祭"纪念孔子诞辰。韩国不仅拥有儒教学会、儒教文化研究所等机构，而且在20多所大学里还设有专门研究儒教的学科。韩国80％的人信奉儒教或受过儒教的熏陶。1960年，韩国把儒教的道德伦理列入大中小学的教育科目。亚洲金融风暴过后，韩国又提出了"文化立国"的国策。韩国挖掘儒教的精髓，把传统文化融入到现代生活之中。

儒学在秦汉时期即已传入越南。

在唐代，越南著名儒者姜公辅还曾担任唐德宗的宰相。10世纪初至19世纪末，越南经历了丁、前黎、李、陈、胡、后黎、阮等朝。从丁朝到陈朝，越南社会思想基本上是三教同尊而以佛教为主。儒学发展到陈朝取得主导地位，到后黎朝形成独尊之势。在阮朝，儒学仍然处于正统地位。越南儒学由中国传入，与越南本土传统思想相结合，产生了某些变异。子不语怪力知己神，而有的越南儒家学者公然承认鬼神的存在。越南儒、释、道三教合一或三教融合的色彩比中国浓厚得多。越南人称之为"三教同源"。

儒学对欧洲的影响始于明朝来华的传教士。

明朝末年，西方传教士来华布道，接触到了中国的思想文化。1582年，奉耶稣会之命来华的利玛窦等人为便于传教，苦心钻研儒学，以天主教义比附于儒家，使中国人易于接受。他在北京居住了十年，用拉丁文翻译《四书》并出版发行世界，这是最早的儒家经典的西方文字译本。利玛窦在中西文化相互交流的历史上作出了一定贡献，因此在意大利被称为"沟通中西文化的第一人"，而且有"博学西儒""基督教的孔子"等等雅号。1686年，意大利耶稣会士殷铎泽与柏应理合著的《中国之哲人孔子》在巴黎出版，这是西方最早介绍孔子及其学说的开始，此书附有拉丁文翻译的《大学》《中庸》《论语》。

耶稣会士翻译儒家经典，并将其传播到西方，使欧洲人了解了中国哲学、中国文化。在17至18世纪欧洲自由人士的心目中，中国的政治成为欧洲人的理想追求，中华民族成了美德的化身，孔子成了思想界追求的目标之一，孔子的思想成了当时进步思想的来源。法国、德国、英国的哲学家都曾受到过孔子思想的影响，如德国哲学家莱布尼茨、沃尔夫，法国启蒙思想家伏尔泰、狄德罗、卢梭，法国重农派思想家魁奈等都对孔子及其学说给予了很高的评价。

许多学者曾指出，莱布尼茨是承认中国文化对西方发展做出贡献的第一位西方学者。他盛赞中国的政治与道德，同时又指出中国在科技工艺方面不如欧洲，他希望把中国的实践哲学输入欧洲，又把欧洲的思辨哲学输入中国。而且他还用数学中的二进位制来解释八卦及六十四卦之排列顺序。

伏尔泰是大家都很熟悉的法国哲学家、文学家。他对孔子及其学说给予很高的评价。在他的心目中导源于孔子学说的中国哲学、道德、政治、科学都尽善尽美，完全可以成为欧洲的楷模。他常常引中国为榜样，批判欧洲，又引儒教为榜样批判基督教。他认为孔子所创立的儒教既不是西方意义上的宗教，亦不是迷信，它是一种理性的宗教，最好的宗教。伏尔泰盛赞中国物质文化，认为如果欧洲的君主了解到中国有那么多的发明创造，应该赞美，应该惭愧，应该模仿。在他看来，中国的政治组织也是世界上最完美的组织，他甚至说"人类智慧不能想出比中国政治还要优良的政治组织"。他对孔子本人更是敬佩之至，他认为孔子是位至圣至贤的哲学家，他不媚帝王、不好淫色，是天下唯一的师表。孔子的思想只是

"极纯粹的道德，既不谈奇迹，也不涉及虚玄"。伏尔泰对孔子的崇拜不亚于中国的儒者，他曾在自己的礼拜堂内设有孔子的画像，对孔子朝夕礼拜。当然，伏尔泰首先将中国的一切理想化，以衬托欧洲中世纪的丑恶。他对中国的赞美并不全面，不过伏尔泰毕竟是欧洲孔学的知音。

曲阜仿古祭孔大典

法国重农派经济学的创始人魁奈也是一位孔子及其学说的崇拜者。他认为古代中国远胜希腊，希腊的哲学亦不如中国，他甚至认为一部《论语》即可以打倒希腊七贤。他对中国的物质文明和政治制度的称颂不亚于伏尔泰。他的学生也说：

"孔子立教的目的在于恢复人类的天性，不再为愚昧和情欲所隐蔽，所以他教人敬天、畏天、爱人，战胜物欲，勿以情欲去衡量行为，应以理性为标准；凡是不合理性的，叫他们勿动、勿思、勿言。宗教的道德优美到这个地步，真是无以复加了。"他的学生甚至认为魁奈所发明的《经济表》完全是从孔子那里继承来的。而《经济表》被马克思称为使政治经济学成为一门科学的名著。足见他们对孔子及其学说之重视和推崇。

回顾孔子学说对东、西方的影响，可以看出，儒学作为中国文化及东方文化的代表，其理论体系和思想内涵的精粹之处，自有超出地域和时代，为世界文明的发展所客观需要的价值和成分，而值得今天的人类所吸取和发扬光大。联合国教科文组织泰勒博士说："如果人们思索一下孔子的思想对当今世界的意义，人们很快便会发现，人类社会的基本需要，在过去的二千五百多年里，其变化之小是令人惊奇的。不管我们取得进步也好，或是缺少进步也好，当今一个昌盛、成功的社会，在很大程度上，仍立足于孔子所确立和阐述过的很多价值观念。这些价值观念是超越国界、超越时代的；属于中国，也属于世界；属于过去，也会鉴照今天和未来。"

第六章　孔子补漏拾遗

孔子轶事传说

　　作为一代先师的孔子，出身贵族却少时贫困，学富五车却仕途坎坷。他教书育人、周游列国，传奇的经历给后世留下了大量的故事传说。

孔子改错

　　孔子带领着子路、子贡、颜渊等几个学生周游各地，讲学传道。一天，他们来到朐阳山下。师生们下了马车，子贡在前，孔子随后，子路、颜渊等几个学生也都跟着登山。孔子一鼓作气攀到山顶，向东一看，只见天连水，水连天，一望无边，好大的海哟！这时，天空中忽然电闪雷鸣，狂风暴雨迎面扑了过来。子路大声叫道："糟了糟了，到哪儿躲雨呀！"只见一个老渔民，左手提着渔网，右手拿着渔叉，肩后背着渔篓，腰间系着葫芦，迎着他们走过来，边走边说："不要慌，跟我来！"

　　老渔民把孔子和他的学生领进了一个山洞。这山洞面对着大海，是老渔民藏渔落脚的地方。孔子觉得洞里有点儿闷热，便走到洞口，观看雨中的海景，看着看着，诗兴大发，不由地吟诵起来：风吹海水……千层浪，雨打沙滩……万点坑。老渔民听了这两句诗，忙道："先生，你说的不对呀！"孔子问："怎么不对呢？"老渔民说："'千层浪'，'万点坑'，都不妥当。难道海水波浪滔滔只有千层，沙滩不多不少正好万点？先生你数过吗？"孔子有心听听高见，急忙问道："老兄弟，你看怎么改呢？"老渔民说："最好改成这样：'风吹海水层层浪，雨打沙滩点点坑。'浪

· 114 ·

层层，坑点点，数也数不清，这才合乎情理。对不？"

孔子一听，心服口服，正想赞叹几句，不料子路在一旁火了，冲着老渔民说："哎哎，圣人作诗，你怎能乱改！"老渔民也火了，厉声问道："谁是圣人？"子路指着孔子说："远在天边，近在眼前。这就是孔夫子、孔圣人！"孔子阻止道："子路，不可傲慢！不可无礼！"老渔民拍着子路的肩膀说："小伙子，圣人有圣人的见识，但也不见得事事都比别人高明啊！"孔子把学生招拢在一起，严肃地说："我以前对你们讲过'生而知之'，这话错啦！大家要记住：知之为知之，不知为不知，是知也！"说完，顺口吟出小诗一首：登山望沧海，茅塞豁然开，圣贤若有错，即改莫徘徊。从这以后，山里人就把胸阳山改名叫孔望山了。

后生可畏

公元前489年，楚、吴两国陈兵陈国，两军对峙、剑拔弩张，大有一触即发之势，负函（今河南信阳）成为前线。居于负函的孔子师徒不得不告别于对他们礼遇有加、勤于问政的楚大夫叶公，接受楚昭王之聘，准备前往楚国都城郢都。

金秋十月，丹桂飘香，麦浪翻滚，稻谷金黄。孔子带着子路、子贡、颜回等高足，沿大别山经邾国准备前往郢都。他们乘着马车，奔驰在古栈道上。沿途风光，饱览无余：农夫在田间荷锄劳作，牧童在山间牧牛牧羊。一条条河流蜿蜒曲折，清澈见底；一行行树林绿阴遮日，一片片竹林随风摇曳；一座座村庄紧密相连，阡陌交通，鸡犬之声相闻，间或听到悠扬的笛声在空中回荡。天黑了，他们便寄居在附近的村庄，或者找村民了解当时的历史掌故、风俗人情，搜集民歌、民谣，或者举办讲坛，探讨宣讲高深的"仁、义、礼、智、信"之道。有时也在某个村落驻足二、三天以采风。

一天，伴随着阵阵蹄声，漫漫尘烟，他们来到了新洲道观河南面的旧街境内。只见大崎山似美女横卧于蓝天白云之下，风高林茂；沙河漪澜清清，流水潺潺；狮子岩如猛狮踞伏，气吞日月。这里山色迷蒙，湖光潋滟，鸟语花香，好一片人间仙境。走出街南不远，车夫突然勒住缰绳，马儿长啸一声，车子停下了。

孔子问道："何故停车？"

车夫答道："前面有一群小孩挡道，夫子。"

"让他们让道。"

"小孩，你们见马车来了，为什么还不让道？"子贡跳下车，没好气地说。

"凭什么要我们让道，你们不能走其他的道吗？"一个似乎是领头的小孩答道。

子贡怒目圆睁地吼道："你知道这是谁的车吗？告诉你，这是孔夫子的车！"

听到子贡与小孩发生争执，孔子无奈只得亲自下车瞧个究竟。见到仪表堂堂、儒衫飘逸、举止优雅的一位长者，小孩们毫无惧色，不以为然，继续用石块垒筑他们的"城池"。

孔子抚摸着一个俊俏的小男孩的头，和颜悦色地说："小公子，请你们将石块搬开，让我们过去行吗？"

小孩仰望着孔子说："我们正在筑城，恕难从命。"

"那好，我出一个问题，如果你答不出来，你就给我们让道。"孔子思忖，要以"礼"服人，对小孩一视同仁。

"你出吧。"这个小孩心想，我是东周守藏史老子的高足，你还能难倒我？

"你听好了，"孔子问："父母与夫妻熟亲？"

"夫妻亲。"小孩答道。

"不对，父母亲。没有父母哪有后代！"

"夫妻亲，没有夫妻，哪有父母！"他们各执一理，谁也说服不了谁。"父母亲""夫妻亲"反复了二遍。

子曰：父母者，衣食也。父母从小抚育儿女，衣食住行、吃喝拉撒、教育成人、传道授业，那样不操心！父母当然亲。

项橐还之以颜色：夫妻也，恩恩爱爱，男耕女织，同眠共枕，相濡以沫，爱意绵长，白头偕老，永不分离。一日夫妻还白日恩呢！当然夫妻亲。

……

孔子想，我孔丘名闻天下，称圣华夏，今天还说服不了一个小孩，"是可忍，孰不可忍！"转念一想，"君子无所争"，我气度如海，有容乃大，不与小孩一般见识。便拿掉大儒的身价，搭躬施礼道："神童在上，老夫有礼了。我们有要事在身，万望高抬贵手，给我们借道。"

小孩理直气壮地说："请问先生，自古以来，是城应让车，还是车应让城？"

子路说:"你这是什么城池,只是小孩的游戏!"

"就是城池!"

僵持了一会儿。小孩自知理亏,便问道:"你们有什么要事吗?"

"周游列国,传道授业啊。"孔子说。

"传道授业就得有一套本事和才学,那您知道一些什么呀?"

孔子答道:"不是老夫夸口,上至天文,下至地理,什么事我都略知一二。"

小孩说:"天文地理无所不知。那我问您,您有多少根眉毛?"

孔子说道:"眉毛本人又看不见,怎么能知道有多少根呢?"

小孩灵机一动,接着问:"嫌看不见,天上的星星能看见,您说有多少颗?"

"天上的星星浩如烟海、多如牛毛,怎么数得过来呢?"孔子为难地说。

小孩笑道:"啊,您又嫌多,那太阳只有一个,早晨像冰盘,晌午赛玉环,什么时候离我们近?什么时候离我们远?"

孔子没有迟疑,又是张口就答:"早晨太阳离得近。"没等小项橐"为什么"出口,孔子便接着解释说:"你不想想,早晨太阳多大,中午太阳多小。"

这时候轮到小项橐笑了,笑着就又出招了:"你说是离得近了暖和还是离得远了暖和?"孔子没想到这里面有圈套,还是张口就答:"肯定是离得近了暖和。"

小项橐更得意了,问:"那为啥我觉得中午暖和?"

被问住的孔子感叹道:"你乃神童,惟楚有才! 还望多多指教。"

小孩说:"指教不敢,我现在正忙着呢,咱们后会有期。"

这时弟子们都在嚷道:"师傅,咱们走吧!"孔子只得朝小孩躬躬首:"后会有期!"心里想着,这些知识还真没好好研究过呢! 随即令车夫调转车头,绕道而行。

不料,行进约一公里后,因刚才转弯过急,车轱辘折断了。孔子无奈,让子路到前边的村庄去借一把斧子修理。

子路急步来到前边的村庄,见一位中年妇女正在屋里织布。子路恭敬地说:"大婶,请向你借一件东西。"那女子还未等子路把话说完,已转身从里屋拿出一把锃亮的斧子,"给你!"子路惊讶不已,她怎么知道这是要借用斧子! 妇人微笑着说道:"你不是要借一个'东西'吗?'东'是东方甲乙木,'西'是西方庚辛金,斧柄是木做的,斧子是铁做的,'金'乃铁也。你是要借斧子吧!"子路拿着斧子跑回停车处，并将刚才的事情诉与孔子。

孔子听后，慨叹不已。刚才遇一聪颖孩童，现又遇一村妇，不仅乐于助人，还十分聪敏。不禁赞曰：楚乃藏龙卧虎之地也！

那个难倒孔圣人的小孩乃是项橐。俗文学作品《孔子项橐相问语》流传神州大地，也在很早的时候就传到了日本、朝鲜、越南、俄罗斯等国。因之，孔子与项橐对问系千古美谈。因湖北鄂东方言言某人喜欢巧舌争辩为磨嘴皮子，故将孔项对问之地命名为磨嘴磐，将孔子绕道修车的地方称为回车埠，以纪其事。

渡河落水

一天，孔子和弟子们来到渡口，见有一老翁在摆渡。子路说："船夫，请将我们渡过河。"

"行，请驾好马车，都上船。"船夫用竹竿吃力地撑着，马儿在水中随着木船过河，马儿会游泳。

船到河心，突然大风骤起，木船在波涛中颠簸摇晃，船儿忽高忽低，像一个醉汉似地立不稳，一船人都失去了重心。整船人和马车经不住这种颠簸，伴着风吹浪涌，船一歪，就翻落到河中。孔子师徒等众人都成了落汤鸡，掉入水中，衣服全湿透了。人落水问题还不太严重，这时的南方还不冷。可惜了那些书，孔子喊道："快救我那些书！"

民间有谚：孔夫子搬家——全是书。孔子一生发奋好学，乐以忘忧，不知老之将至。走到哪儿都携带着很多书。

古时的书，其实都是一些竹简上刻或书写的篆字，东汉蔡伦发明造纸，北宋毕昇发明活字印刷都在其以后许多年。

在众人的一番折腾下，马车被推上了岸，书也被捞上来了。但是，那些书全被水浸湿了。孔子心中焦急，四处张望，欲找一个晒书之所。还是颜回年轻，眼尖，"瞧！对岸有一座山丘。"那座山有300多米高，四面无倚，独凸而立，顶部平坦洁净，足有二亩见方。孔子憋蹙的眉头舒展了，此时秋高气爽，阳光直照山头，很好晒书。弟子们很快将被打湿的书搬到山顶，铺开晾晒起来。周边也没有什么人，子路、子贡、颜回也不顾斯文，脱掉长衫，拧干晾晒。

经历了刚才的一番折腾，孔子站在山顶，俯瞰潺潺流水，不禁仰天长叹道："美哉水，洋洋乎！可惜的是这儿没有桥，此处要是有一座桥就好了，过往行人就不会如我等受涉水之苦了！"

随后，孔子师徒落座于两丈多长的长石上，稍事休息，以等书晒干。子路回想起近段的行程，种种不幸，不禁发起牢骚，口里念叨：在宋国的一棵大树下习礼时，宋司马桓魋欲杀师傅；在于野被陈蔡大夫围困三日，粒米未进，很多人都饿病了；上午在旧街让项橐毛孩戏弄，下午又人车落水，真是不幸，可谓"风刀剑树严相逼"。

孔子宽解道："天降大任于我等，实现周礼，天下归仁，任重而道远。忍饥挨饿，受苦受难，在所难免。我们必须坚韧弘毅，矢志不移，死而后已。"

孔子师徒当年晒书的山就在今问津书院的后边，山势平坦，有茂林修竹，茵茵庄稼，被称之为晒书山。孔子当年坐过的那块长石被称为"坐石"，周边还有后来他们驻足讲学时供研墨行文之用的墨池、砚石。墨池即离坐石不远处的小溪，溪边石黝如墨，故名墨池。临池石刻上刻有"墨池"两字，尽管年代久远，仍依稀可辨。池边一石，形如砚台，如天作之合。每遇天气变化，即有"墨水"浸出，池水久旱不涸。

孔子河的传说

孔子带着他的弟子周游列国。一天，他们来到了今天的兴山县黄粮鸡公岭山下的秀水河边，长期的行程使他们十分辛苦，很想找个地方歇歇脚，但这里人烟稀少，怎能安身呢？走着走着，天黑了下来，而且还下起了大雨，正在为难的颜渊告诉老师，说前面不远处有一个岩洞，足够住几十人。孔子大喜急忙赶往岩洞躲雨。

第二天清早，雨住天晴，孔子走出洞外，只见秀水河水暴涨，远处群峰峻秀，山涧云转雾绕，白云深处还隐隐发现有几户人家。山涧除了哗哗的溪水，便是猿猴鸟鹤的叫声了。身居此山，胜似置身于仙境一样。真是景秀迷人不觉晓，孔子看后大喜，心想，这儿风景优美，柴方水便，多住几天设帐授徒，有何不可呢？他回身便把想法告诉了子路，子路等说："师圣言之有理，这里山美水美，可谓绝景良地了。"于是他们便找来山乡野民就在洞内凿石奠基，并立起了锅灶，砍树做桌凳，个把月便办起了一所简易的学堂，还在洞旁起了一座楼房、一栋望亭。

学生子路、颜渊等在村子里召来几十名村童，孔子便就地教起书来，他认真地教学生们诗书礼仪，每天的读书声响彻山谷，邻村庙尚坪、杨家山、吴家湾、梁家坝等地方农民听说孔子到乡设帐教学，都纷纷争相前来给先生孔夫子送油盐柴米，上学的孩子越来越多，半年下来就有上百人。

孔子到底是游说先生，不能在这儿久住。第二年春，孔子就和他的弟子告别了学童乡亲，又启程了。

孔子一行人挑着竹简书册，走到河滩边，正要赶路，恰巧捆书的绳子断了，简册散了一地，怎么收也收不拢团，大伙急得满头大汗，事有巧合，正巧一个农夫在套牛耕田，孔子走上前说："这位村友，请将先生牛鼻绳赠我一用吧。"农夫说："实在对不起先生，牛鼻无绳，怎能耕田？"孔子说："若将绳赐我，牛可驯，天作证，放牛不用牵，梨地不用（鞭）。"

农夫无可奈何，解下绳子给了孔子，孔子把书捆好沿河而去，自那以后，秀水河一带的牛耕田不用绳（鞭），放牛不用牵了。

后来，人们为了纪念孔老夫子的恩德，便把秀水河改名为孔子河了，并把当年孔子住过教过学的洞叫做"孔子寨"，把寨旁的望亭叫做"孔子楼"。

误会颜回

有次孔子受困在陈蔡一带的地区，有七天的时间没有尝过米饭的滋味。

有一天中午，他的弟子颜回讨来一些米煮稀饭。饭快要熟的时候，孔子看见颜回居然用手抓取锅中的饭吃。

孔子故意装作没有看见，当颜回进来请孔子吃饭时，孔子站起来说："刚才孟李祖先告诉我，食物要先献给尊长才能进食，岂可自己先吃呢？"

颜回一听，连忙解释说："夫子误会了，刚才我是因看见有煤灰掉到锅中，所以把弄脏的饭粒拿起来吃了。"

孔子叹息道："人可信的是眼睛，而眼睛也有不可靠的时候，所可依靠的是心，但心也有不足靠的时候。"

孔子故里

在山东省的西南部,有一个孔姓人口占五分之一的县级市,她就是有着 5000 多年悠久历史的"东方圣城"——曲阜。"千年礼乐归东鲁,万古衣冠拜素王",曲阜之所以享誉全球,是与孔子的名字紧密相连的。孔子是世界上最伟大的哲学家之一,中国儒家学派的创始人。在两千多年漫长的历史长河中,儒家文化逐渐成为中国的正统文化,并影响到东亚和东南亚各国,成为整个东方文化的基石。曲阜的孔府、孔庙、孔林,统称"三孔",以丰厚的文化积淀、悠久历史、宏大规模、丰富文物珍藏,以及科学艺术价值而著称,是中国历代纪念孔子,推崇儒学的表征。因其在中国历史和世界东方文化中的显著地位,被联合国教科文组织列为世界文化遗产,于 1994 年 12 月被收入《世界遗产名录》。被世人尊崇为世界三大圣城之一。2007 年 5 月 8 日,济宁市曲阜明故城(三孔)旅游区经国家旅游局正式批准为国家 5A 级旅游景区。

孔府

孔府又称"衍圣公府",有"天下第一家"之称,是孔子嫡系长期居住的府第,也是中国封建社会官衙与内宅合一的典型建筑。孔子嫡孙一向以"礼门义路家规矩"相标榜,恪守诗礼传家的祖训;建筑也受到儒家礼仪的制约,留下儒家宗法制度与伦理观念的烙印。孔子死后,子孙后代世代居庙旁看管孔子遗物,到北宋末期,孔氏后裔住宅扩大到数十间。随着孔子后世官位的升迁和爵位的提高,孔府建筑不断扩大,至宋、明、清达到现在规模。现在孔府占地约 7.4 公顷,有古建筑 480 间,分前后九进院落,中、东、西三路布局。

孔府大门,为间五檩悬山式建筑,匾书"圣府二字",为明朝严嵩所书。门两边有对联一副"与国咸休安富尊荣公府第,同天并老文章道德圣人家",其中"富"字上面少一点,寓"富贵无头""章"字一竖通到上面立字,寓"文章通天",此联概括出千百年来"圣人家"的气派。仪门四柱回梁,悬山肩挑,前后重花蕾各四朵，所以又称"重花门"。

孔府仿照封建王朝的六部而设六厅，在二门以内两侧，分别为管勾厅、百户厅、典籍厅、司乐厅、知印厅、掌书厅、公共管理孔府事务。

孔府沿用中国传统的前堂后寝制度，前堂部分有官衙、东学、西学，供处理公务、会客之用，是对外活动的场所，后寝部分有内宅、花厅、一贯堂、是家族生活的场所。建筑功能分区明确、排列井然有序。建筑群设计遵循礼教与宗法原则，把一系列使用功能不同的建筑物有主次、有次序地进行排列。建筑群中贯轴线，左右对称，成三路布局。中路为孔氏宗子衍圣公所居，东路一贯堂为次子所居，居中为尊。体现了宗子的尊贵地位和宗子与非宗子等级与地位的差别。中路官衙、内宅界限分明，体现了男女授受不亲，内处有别。轴线上，正房与厢房，中门与边门，体现了主人与下人的尊卑差别。建筑物的名字也打着儒家思想的印记，"一贯堂""忠恕堂""安怀堂"等既赞扬孔子的忠恕思想和使人安乐的政治理想，又显示孔子嫡孙努力仿效的决心，"东学""西学"，既赞扬孔子创学设教的功绩，又表明孔子嫡孙继承诗礼传家、好学重教传统的态度。

孔府建筑原有 170 多座，560 余间，现存 152 座，480 间，其中大门、仪门、大堂、二堂、三堂、内宅门、前上房、迎恩门、家庙等是明代建筑，其他均为清代建筑。古建筑面积现存 12740 平方米。

孔府保存许多珍贵的文物，历代封建皇帝为显示对孔子的尊崇和对孔子嫡孙的优渥，不断给以赏赐。帝后墨宝，御制诗文、儒家典籍、礼器乐器、文房四宝，无所不赐，而孔子嫡孙也留意搜集历代法物，不断充实文物库藏。

现在孔府仍保持着清末、民国初年的陈设。

孔庙

孔庙始建于公元前 478 年，孔子死后第二年（公元前 478 年），鲁哀公将其故宅改建为庙。此后历代帝王不断加封孔子，扩建庙宇。到清代，雍正帝下令大修，扩建成现代规模。庙内共有九进院落，以南北为中轴，分左、中、右三路，纵长630 米，横宽 140 米，有殿、堂、坛、阁 460 多间，门坊 54 座，"御碑亭" 13 座，拥有各种建筑 100 余座，460 余间，是一座占地面积约 95000 平方米的庞大建筑

孔府

群。孔庙内的圣迹殿、十三碑亭及大成殿东西两庑，陈列着大量碑碣石刻，特别是这里保存的汉碑，在全国数量最多。其碑刻之多仅次西安碑林，所以它有我国第二碑林之称。孔庙是中国现存规模仅次于故宫的古建筑群，堪称中国古代大型祠庙建筑的典范。

孔庙的总体设计是非常成功的。前为神道，两侧栽植桧柏，创造出庄严肃穆的气氛，培养谒庙者崇敬的情绪；庙的主体贯串在一条中轴线上，左右对称，布局严谨。前后九进院落，前三进是引导性庭院，只有一些尺度较小的门坊，院内遍植成行的松柏，浓荫蔽日，创造出使人清心涤念的环境，而高耸挺拔的苍桧古柏间辟出一条幽深的甬道，既使人感到孔庙历史的悠久，又烘托了孔子思想的深奥。座座门坊高揭的额匾，极力赞颂孔子的功绩，给人以强烈的印象，使人敬仰之情不觉油然而生。第四进以后庭院，建筑雄伟，黄瓦、红墙、绿树，交相辉映，既喻示出孔子思想的博大高深，也喻示了孔子的丰功伟绩，而供奉儒家贤达的东西两庑，分别长166米，又喻示了儒家思想的源远流长。

孔庙共有建筑100余座460余间，古建面积约16000平方米。主要建筑有金元碑亭、明代奎文阁、杏坛、德侔天地坊等、清代重建的大成殿、寝殿等。金牌亭大木做法具有不少宋式特点，斗栱疏朗，瓜子栱、令栱、慢拱长度依次递增，六铺作里跳减二铺，柱头铺作与补间铺作外观相同等。正殿庭采用廊庑围绕的组合方式是宋金时期常用的封闭式祠庙形制少见的遗例。大成殿、寝殿、奎文阁、杏坛、大成门等建筑采用木石混合结构，也是比较少见的形式。斗栱布置和细部做法灵活，根据需要，每间平身科多少不一，疏密不一，栱长不一，甚至为了弥补视觉上的空缺感，将厢栱、万栱、瓜栱加长，使同一建筑物相邻两间斗栱的栱长不一，同一柱头科两边栱长悬殊，这是孔庙建筑的独特做法。

孟子对孔子有过这样的评价："孔子之谓集大成。集大成者，金声而玉振之也。金声也者，始条理也；玉振之也者，终条理也"。"金声""玉振"表示奏乐的全过程，以击钟（金声）开始，以击磬（玉振）告终。以此象征孔子思想集古圣先贤之大成，赞颂孔子对文化的巨大贡献。因此，后人把孔庙门前的第一座石坊命名为"金声玉振"。金声玉振坊石刻，4楹，石鼓夹抱，4根八角石柱顶上饰有莲花宝座，宝座上各蹲踞一个雕刻古朴的独角怪兽"辟天邪"，俗称"朝天吼"。两侧坊额浅雕云龙戏珠，明间坊额填色4个大字"金声玉振"，笔力雄劲，是明嘉靖十七年（公元1538年）著名书法家胡缵宗题写的。坊后是一座单孔石拱桥，桥面是二龙戏珠的石阶，桥下清流呈半圆绕过，这就是泮水，可惜泮水被石块封盖，只有泮桥独存了。桥后东西各有一幢石牌，立于金明昌二年（公元1191年），上刻"官员人等至此下马"，人称"下马碑"。过去文武官员、庶民百姓从此路过，必须下马下轿，以示尊敬，就连皇帝祭祀孔子也要下辇而进，可见孔庙的尊严。

在双层石栏的台基上一座金黄色的大殿突兀凌空，双重飞檐中海蓝色的竖匾上木刻贴金的群龙紧紧围护着3个金色大字"大成殿"。字径1米，是清雍正皇帝的手书。

　　大成殿是孔庙的主殿，高 24.8 米，阔 45.78 米，深24.89米，重檐九脊，黄瓦飞甍，周绕回廊，和故宫太和殿、岱庙宋天贶殿并称为东方三大殿。大殿结构简洁整齐，重檐飞翘，斗栱交错，雕梁画栋，金碧辉煌，藻井枋檩饰以云龙图案，金箔贴裹，祥云缭绕，群龙竞飞。四周廊下环立 28 根雕龙石柱，均以整石刻成。柱高 5.98 米，直径 0.81 米，承以重层宝装覆莲柱础，原为明弘治十三年（公元1500 年）敕调徽州工匠刻制，清雍正二年火后重刻。两山及后檐的 18 根八棱磨浅雕石柱，以云龙为饰，每面浅刻 9 条团龙，每柱 72 条，细心的工匠在石柱上记下了雕刻的龙的总数，共 1296 条。前檐的 10 根为深浮雕，每柱两龙对翔，盘绕升腾，中刻宝珠，四绕云焰，柱脚缀以山石，衬以波涛。10 根龙柱两两相对，各具变化。无一雷同，造型优美生动，雕刻玲珑剔透，刀法刚劲有力，龙姿栩栩如生。这是曲阜独有的石刻艺术瑰宝，据说清乾隆皇帝来曲阜祭祀孔子时，石柱均用红绫包裹，不敢被皇帝看到，恐怕皇帝会因超过皇宫而怪罪。大成殿的建筑艺术，显示了我国劳动人民的才华和智慧。

　　大成殿内正中供奉孔子塑像，坐高 3.35 米，头戴十二旒冠冕，身穿十二章王服，手捧镇圭，一如古代天子礼制。两侧为四配，东位西向的是复圣颜回和述圣孔伋，西位东向的是宗圣曾参和亚圣孟轲。再外为十二哲，东位西向的是闵损、冉雍、端木赐、仲由、卜商、有若，西位东向的是冉耕、宰予、冉求、言偃、颛孙师、朱熹。四配塑像坐高 2.6 米，十二哲塑像坐高 2 米，均头戴九旒冠，身穿九章服，手执躬圭，一如古代上公礼制。塑像都置于木制贴金神龛内，孔子像单龛，施十三踩斗栱，龛前两柱各雕一条降龙，绕柱盘旋，姿态生动，雕刻玲珑，异常精美。四配十二哲两位一龛，各施九踩斗栱。龛前都有供桌、香案、摆满祭祀时使用的笾、豆、爵等礼器。殿内还陈列着祭祀孔子时中和韶乐乐器和舞具。殿外悬有 10 块匾额、3 副对联，门外正中是清雍正皇帝题书的"生民未有"匾额，殿内正中是康熙皇帝题书的"万世师表"和光绪皇帝题书的"斯文在兹"匾额，南面悬挂着乾隆皇帝题书的"时中立极"等匾额。每块匾额长 6 米多，高约 2.6米，雕龙贴金，精美华丽。

　　殿建于两层台基上，前连露台，高 2 米多，东西宽约 4.5 米，南北深约 35米，镌花须弥石座，双层石栏干，底层莲花栏柱下均有石雕螭首，南面正中有两块浮雕龙陛。露台是祭祀时歌舞行礼的场所，现在每逢孔子诞辰（农历九月二十八日）都要表演祭祀乐舞——八佾舞。

孔庙保存汉代以来历代碑刻1044块，有封建皇帝追谥、加封、祭祀孔子和修建孔庙的记录，也有帝王将相、文人学士谒庙的诗文题记，文字有汉文、蒙文、八思巴文、满文，书体有真草隶篆，是研究封建社会政治、经济、文化、艺术的珍贵史料。碑刻中有汉碑和汉代刻字二十余块，是中国保存汉代碑刻最多的地方。乙瑛碑、礼器碑、孔器碑、史晨碑是汉隶的代表作，张猛龙碑、贾使君碑是魏体的楷模。此外还有孙师范、米芾、党怀英、赵孟、张起岩、李东阳、董其昌、翁方钢等人的书法，元好问、郭子敬等人的题名，孔继涑五百八十四石的大型书法丛帖玉虹楼法帖等。孔庙碑刻是中国古代书法艺术的宝库。

孔庙著名的石刻艺术品有汉画像石、明清雕镂石柱和明刻圣迹图等。汉画像石有90余块，题材丰富广泛，既有人们社会生活的记录，也有历史故事、神话传说的反映。雕刻技法多样，有线刻、有浮雕，线刻有减地，有剔地，有素地，有线地；浮雕有深有浅，有光面，有糙面。风格或严谨精细，或豪放粗犷，线条流畅，造型优美。明清雕镂石柱共七十四根，其中减地平镂五十六根，高浮雕十八根。减地平镂图案多为小幅云龙、凤凰牡丹，清雍正七年刻，崇圣祠刻牡丹、石榴、荷花等花卉，构图优美，是明弘治十七年的遗物。石雕的精品是浮雕龙柱：大成殿前檐十柱，每柱高达六米，最为高大；崇圣祠二柱龙姿矫健，云形活泼，水平最高。另外圣时门、大成门、大成殿的浅浮雕云龙石陛也有很高的艺术价值。圣迹为明万历二十年（1592年）据孔庙宋金木刻增补而成，由曲阜儒学生员毛凤翼汇校、扬州杨芝作画、苏州石工章草上石，共一百二十幅，形象地反映了孔子一生的行迹，是我国较早的大型连环画之一，具有很高的历史价值和艺术价值。

两千多年来，曲阜孔庙旋毁旋修，从未废弃，在国家的保护下，由孔子的一座私人住宅发展成为规模形制与帝王宫殿相埒的庞大建筑群，延时之久，记载之丰，可以说是人类建筑史上的孤例。

孔林

孔林本称至圣林，是孔子及其家族的墓地。孔子死后，弟子们把他葬于鲁城

孔庙

北泗水之上，那时还是"墓而不坟"（无高土隆起）。到了秦汉时期，虽将坟高筑，但仍只有少量的墓地和几家守林人。后来随着孔子地位的日益提高，孔林的规模越来越大。东汉桓帝永寿三年（公元157年），鲁相韩勅修孔墓，在墓前造神门一间，在东南又造斋宿一间，以吴初等若干户供孔墓洒扫，当时的孔林"地不过一顷"。到南北朝高齐时，才植树600株。宋代宣和年间，又在孔子墓前修造石仪。元文宗至顺二年（公元1331年），孔思凯主修了林墙，构筑了林门。明洪武十年（公元1684年）将孔林扩为3000亩的规模。雍正帝八年（公元1730年），大修孔林，耗帑银25300两重修了各种门坊，并派专官守卫。据统计，自汉以来，历代对孔林重修、增修过13次，增植树株5次，扩充林地3次。整个孔林周围垣墙长达7.25公里，墙高3米多，厚约5米，总面积为2平方公里，比曲阜城要大得多。

孔林的总体布局虽然不是一时形成的，但布局很成功。林门以长达1266米的神道与北城门相连，神道平直如矢，两侧桧柏夹侍，庄严肃穆。进入大林门，高大的围墙将大林门与二林门之间围成一个封闭的纵深空间，挺拔的桧柏，夹峙的红墙间辟出一条狭长的甬道，将人的视线引向高耸的二门城楼。过二林门，古木森森，芳草如茵，流水潺潺，竟是一片天然野趣，使人精神为之一爽。

"墓古千年在，林深五月寒"，孔林内现已有树 10 万多株。相传孔子死后，"弟子各以四方奇木来植，故多异树，鲁人世世代代无能名者"，时至今日孔林内的一些树株人们仍叫不出它们的名字。其中柏、桧、柞、榆、槐、楷、朴、枫、杨、柳、檀雏离、女贞、五味、樱花等各类大树，盘根错节，枝繁叶茂；野菊、半夏、柴胡、太子参、灵芝等数百种植物，也依时争荣。孔林不愧是一座天然的植物园。

孔林

折而向西，过洙水桥；沿轴线前行，登墓门，穿甬道，过享殿，入墓园，一代伟人长眠在抔土之中。享殿之后即是孔林的中心所在——孔子墓。此墓似一隆起的马背，称马鬣封。墓周环以红色垣墙，周长里许。墓前有巨墓篆刻"大成至圣文宣王墓"，是明正统八年（公元 1443 年）黄养正书。墓前的石台，初为汉修，唐时改为泰山运来的封禅石筑砌，清乾隆时又予扩大。孔子墓东为其子孔鲤墓，南为其孙孔伋墓，这种墓葬布局名为携子抱孙。

孔林面积 200 万平方米，林内墓冢累累，碑碣如林，石仪成群，古木参天。有孔子以来历代子孙墓葬十余万座，除汉碑移入孔庙外，地面上还有宋、金、元、明、清、民国等时代墓碑和谒陵题记刻石等 4000 余块，保存着宋、明、清各代石人、石马、石羊、石狮、望柱、供桌和神道坊等石仪近千件为表彰儒家思想、满

孔林内一瞥

足祭祀需要，还建有门、坊、享殿、、碑亭等六十余座明清建筑。孔林埋葬孔子长孙已至第七十六代，旁系子孙已至七十八代，从周至今，全无间断。延续时间之久，墓葬数量之多，保存之完好，作为一个家族墓地，在世界上是没有先例的，它是儒家思想在漫长的中国封建社会里所居统治地位的产物。孔林丰富的地上文物，对于研究我国墓葬制度的沿革以及我国古代政治、经济、文化、风俗、书法、艺术等都具有很高的价值。

孔庙、孔林、孔府建筑群凝聚了历代建筑的精华，极具建筑艺术之美。在建筑的布局、规划和装饰等方面，也反映出儒家思想的精髓。它们不仅是名闻天下、内涵丰富的人类文化遗产，同时还拥有大量有价值的自然遗产。"三孔"内生长的

17000 余株古树名木不仅见证了"三孔"的发展历史，同时也是研究古代物候学、气候学和生态学的宝贵素材。

附录：孔子年谱

鲁襄公二十二年（公元前 551 年）

1 岁。孔子生于鲁国陬邑昌平乡（今山东曲阜城东南）。因父母曾为生子而祷于尼丘山，故名丘，字仲尼。关于孔子出生年月有两种记载，相差一年，今从《史记·孔子世家》说。

鲁襄公二十四年（公元前 549 年）

3 岁。其父叔梁纥卒，葬于防山（今曲阜东 25 里处）。孔母颜征在携子移居曲阜阙里，生活艰难。

鲁襄公二十六年（公元前 547 年）

5 岁。孔子在鲁。孔子弟子秦商生，商字不慈，鲁国人。

鲁襄公二十七年（公元前 546 年）

6 岁。孔子在母亲颜征在的教育下，自幼好礼，"为儿嬉戏，常陈俎豆，设礼容"（《史记·孔子世家》），演习礼仪。

鲁襄公二十八年（公元前 545 年）

7 岁。孔子在鲁。弟子颜繇生，繇字季路，颜渊之父。

鲁襄公二十九年（公元前 544 年）

8 岁。孔子在鲁。弟子冉耕生，字伯牛，鲁国人。

鲁襄公三十一年（公元前 542 年）

10 岁。孔子在鲁。弟子仲由生，字子路，卞人。

是年鲁襄公死，其子蹃继位，是为昭公。

鲁昭公二年（公元前 540 年）

12 岁。孔子在鲁。弟子漆雕开生，字子若，蔡人。

鲁昭公五年（公元前 537 年）

15 岁。孔子日见其长，已意识到要努力学习做人与生活之本领，故曰："吾十有五而志于学"。(《论语·为政》)

鲁昭公六年（公元前 536 年）

16 岁。孔子在鲁。三月，郑国铸刑书。"礼治"衰替，法治渐起。

鲁昭公六年（公元前 535 年）

17 岁。孔母颜征在卒。

是年。季氏宴请士一级贵族，孔子去赴宴，被季氏家臣阳虎拒之门外。

鲁昭公九年（公元前 533 年）

19 岁。孔子娶宋人亓官氏之女为妻。

鲁昭公十年（公元前 532 年）

20 岁。亓官氏生子。据传此时正好赶上鲁昭公赐鲤鱼于孔子，故给其子起名为鲤，字伯鱼。

是年孔子开始为委吏，管理仓库。

鲁昭公十一年（公元前 531 年）

21 岁。是年孔子改作乘田，管理畜牧。孔子说："吾少也贱，故多能鄙事。"(《论语·子罕》)此"鄙事"当包括"委吏""乘田"。

鲁昭公十七年（公元前 525 年）

27 岁。郯子朝鲁，孔子向郯子询问郯国古代官制。

孔子开办私人学校，当在此前后。

鲁昭公二十年（公元前 522 年）

30 岁。自十五岁有志于学至此时已逾 15 年，孔子经过努力在社会上已站住脚，故云"三十而立"。(《论语·为政》)

是年齐景公与晏婴来鲁国访问。齐景公会见孔子，与孔子讨论秦穆公何以称霸的问题。

弟子颜回、冉雍、冉求、商瞿、梁鳣生。回字渊，雍字仲弓，求字子有，瞿字子木，皆鲁国人；鳣字叔鱼，齐国人。

鲁昭公二十一年（公元前 521 年）

31 岁。孔子在鲁。弟子巫马施、高柴、宓不齐生。施字子期，陈国人；柴字子高，齐国人；不齐字子贱，鲁国人。

鲁昭公二十二年（公元前 520 年）

32 岁。孔子在鲁。弟子端木赐生，赐字子贡，卫国人。

鲁昭公二十四年（公元前 518 年）

34 岁。孟懿子和南宫敬叔学礼于孔子。

相传孔子与南宫敬叔适周问礼于老聃，问乐于苌弘。

鲁昭公二十五年（公元前 517 年）

35 岁。鲁国发生内乱。《史记·孔子世家》云："昭公率师击（季）平子，平子与孟孙氏、叔孙氏三家共攻昭公，昭公师败，奔齐。"孔子在这一年也到了齐国。

鲁昭公二十六年（公元前 516 年）

36 岁。齐景公问政于孔子，孔子对曰："君君、臣臣、父父、子子"。孔子得到齐景公的赏识，景公欲以尼溪之田封孔子，被晏子阻止。

孔子在齐闻《韶》乐，如醉如痴，三月不知肉味。

鲁昭公二十七年（公元前 515 年）

37 岁。齐大夫欲害孔子，孔子由齐返鲁。

吴公子季札聘齐，其子死，葬于瀛、博之间。孔子往，观其葬礼。

弟子樊须、原宪生。须字子迟，鲁国入；宪字子思，宋国人。

鲁昭公二十八年（公元前 514 年）

38 岁。晋魏献子（名舒）执政，举贤才不论亲疏。孔子认为这是义举，云："近不失亲，远不失举，可谓义矣。"

鲁昭公二十九年（公元前 513 年）

39 岁。是年冬天晋铸刑鼎，孔子曰"晋其亡乎，失其度矣。"

鲁昭公三十年（公元前 512 年）

40 岁。经过几十年的磨炼，对人生各种问题有了比较清楚的认识，故自云"四十而不惑"。

弟子澹台灭明生。灭明字子羽，鲁国人。

鲁昭公三十一年（公元前 511 年）

41 岁。孔子在鲁。弟子陈亢生。亢字子禽，陈国人。

鲁昭公三十二年（公元前 510 年）

42 岁。孔子在鲁。昭公卒，定公立。

鲁定公元年（公元前 509 年）

43 岁。孔子在鲁。弟公西赤生。赤字华，鲁国人。

鲁定公三年（公元前 507 年）

45 岁。邾庄公卒，邾隐公即位，将冠，使人问冠礼于孔子。

弟子卜商生。商字子夏，卫国人。

鲁定公四年（公元前 506 年）

46 岁。孔子率孔鲤与部分弟子观鲁桓公庙宥坐之欹器，对孔鲤与弟子们说："吾闻宥坐之器者，虚则欹，中则正，满则覆""恶有满而不覆者哉！"他认为正确的态度应该是"聪明圣智，守之以愚；功破天下，守之以让；勇力抚世，守之以怯；富有四海，守之以谦；此所谓挹而损之之道也。"

鲁定公五年（公元前 505 年）

47 岁。孔子在鲁。弟子曾参、颜幸生。参字子舆，鲁国人。幸字子柳，鲁国人。

鲁定公六年（公元前 504 年）

48 岁。鲁国季孙意如（季平子）卒，其家臣阳虎囚其子季孙斯（季桓子），而专鲁政。阳虎欲见孔子，孔子不见，于是馈孔子豚，欲待孔子拜谢时见孔子。孔子不想见，打听得阳虎不在时前往拜谢，但不巧在路上二人相遇了。阳虎劝孔子出仕，孔子口头答应，但终不仕（见《论语·阳货》）。退而修《诗》《书》《礼》《乐》，以教弟子。孔子说："不义而富且贵，于我如浮云。"

鲁定公七年（公元前 503 年）

49 岁。孔子在鲁。二月，齐将郓、阳关二地归还鲁国，阳虎据为已有。

鲁定公八年（公元前 502 年）

50 岁。自谓"五十而知天命"。（《论语·为政》）

公山不狃以费叛季氏，使人召孔子，孔子欲往，被子路阻拦。

鲁定公九年（公元前 501 年）

51 岁。孔子为中都宰，治理中都一年，卓有政绩，四方则之。

弟子冉鲁、曹坅、伯虔、颜高，叔仲会生。鲁字子鲁，鲁国人；坅字子循，蔡国人；虔字子析，鲁国人；高字子骄，鲁国人；会字子期。鲁国人。

鲁定公十年（公元前 500 年）

52 岁。孔子由中都宰升小司空，后升大司寇，摄相事。夏天随定公与齐侯相会于夹谷。孔子事先对齐国邀鲁君会于夹谷有所警惕和准备，故不仅使齐国劫持定公的阴谋未能得逞，而且逼迫齐国答应归还侵占鲁国的郓、鄆、龟阴等土地。

鲁定公十一年（公元前 499 年）

53 岁。孔子为鲁司寇，鲁国大治。

鲁定公十二年（公元前 498 年）

54 岁。孔子为鲁司寇。为削弱三桓，采取堕三都的措施。叔孙氏与季孙氏为削弱家臣的势力，支持孔子的这一主张，但此一行动受孟孙氏家臣公敛处父的抵制，孟孙氏暗中支持公敛处父。堕三都的行动半途而废。

弟子公孙龙生。龙字子石，楚国人。

鲁定公十三年（公元前 497 年）

55 岁。春，齐国送 80 名美女到鲁国。季桓子接受了女乐，君臣迷恋歌舞，多日不理朝政。孔子与季氏出现不和。孔子离开鲁国到了卫国。

十月，孔子受谗言之害，离开卫国前往陈国。路经匡地，被围困。后经蒲地，遇公叔氏叛卫，孔子与弟子又被围困。后又返回卫都。

鲁定公十四年（公元前 496 年）

56 岁。孔子在卫国被卫灵公夫人南子召见。

郑国子产去世孔子听到消息后，十分难过，称赞子产是"古之遗爱"。

鲁定公十五年（公元前 495 年）

57 岁。孔子去卫居鲁。夏五月鲁定公卒，鲁哀公立。

鲁哀公元年（公元前 494 年）

58 岁。孔子居鲁，吴国使人聘鲁，就"骨节专车"一事问于孔子。

鲁哀公二年（公元前 493 年）

59 岁。孔子由鲁至卫。卫灵公问陈（阵）于孔子，孔子婉言拒绝了卫灵公。

孔子在卫国住不下去，去卫西行。经过曹国到宋国。宋司马桓魋讨厌孔子，扬言要加害孔子，孔子微服而行。

鲁哀公三年（公元前 492 年）

60 岁。孔子自谓"六十而耳顺"。

孔子过郑到陈国，在郑国都城与弟子失散独自在东门等候弟子来寻找，被人嘲笑，称之为"累累若丧家之犬"。孔子欣然笑曰："然哉，然哉！"

鲁哀公四年（公元前 491 年）

61 岁。孔子离陈往蔡。

鲁哀公五年（公元前 490 年）

62 岁。孔子自蔡到叶。叶公问政于孔子，并与孔子讨论有关正直的道德问题。

在去叶返蔡的途中，孔子遇隐者。

鲁哀公六年（公元前 489 年）

63 岁。孔子与弟子在陈蔡之间被困绝粮，许多弟子因困饿而病，后被楚人相救。

由楚返卫，途中又遇隐者。

鲁哀公七年（公元前 488 年）

64 岁。孔子在卫。主张在卫国为政先要正名。

鲁哀公八年（公元前 487 年）

65 岁。孔子在卫。是年吴伐鲁，战败。孔子的弟子有若参战有功。

鲁哀公九年（公元前 486 年）

66 岁。孔子在卫。

鲁哀公十年（公元前 485 年）

67 岁。孔子在卫。

孔子夫人亓官氏卒。

鲁哀公十一年（公元前 484 年）

68 岁。是年齐师伐鲁，孔子弟子冉有帅鲁师与齐战，获胜。季康子问冉有指挥才能从何而来？冉有答曰"学之于孔子"。季康子派人以币迎孔子归鲁。

孔子周游列国 14 年，至此结束。

季康子欲行"田赋",孔子反对。孔子对冉有说:"君子之行也,度于礼。施取其厚,事举其中,敛从其薄。如是则丘亦足矣"。

鲁哀公十二年 (公元前 483 年)

69 岁。孔子仍有心从政,然不被用。孔子继续从事教育及整理文献工作。

孔子的儿子孔鲤卒。

鲁哀公十三年 (公元前 482 年)

70 岁。孔子自谓"七十而从心所欲,不逾矩"。颜回卒,孔子十分悲伤。

鲁哀公十四年 (公元前 481 年)

71 岁。是年春,狩猎获麟。孔子认为这不是好征兆,说:"吾道穷矣"。于是停止修《春秋》。

六月齐国陈恒弑齐简公,孔子见鲁哀公及三桓,请求鲁国出兵讨伐陈桓,没有得到支持。

鲁哀公十五年 (公元前 480 年)

72 岁。孔子闻卫国政变,预感到子路有生命危险。子路果然被害。孔子十分难过。

鲁哀公十六年 (公元前 479 年)

73 岁。四月,孔子患病,不愈而卒。葬于鲁城北。鲁哀公诔之曰:"旻天不吊,不憗遗一老,俾屏余一人以在位,茕茕余在疚,呜呼哀哉!尼父!无自律。"

不少弟子为之守墓三年,子贡为之守墓六年。弟子及鲁人从墓而家者上百家,得名孔里。孔子的故居改为庙堂,孔子受到人们的奉祀。